MANUAL DE PSICOLOGÍA CLÍNICA
APLICADA: INFANCIA Y ADOLESCENCIA

TDAH CON COMPORTAMIENTO PERTURBADOR

Manual de Psicología Clínica Aplicada: Infancia y Adolescencia
TRASTORNO POR DÉFICITS DE ATENCIÓN CON HIPERACTIVIDAD
(TDAH) CON COMPORTAMIENTO PERTURBADOR – Edición 2017

Autor: Antonio Luis Maldonado Cervera

Diseño Cover (Portada y Contraportada): Sebastián Carvajal Ramírez
Maquetación y ajustes gráficos: Sebastián Carvajal Ramírez

ISBN-13: **978-1719249461**
ISBN-10: **1719249466**

ALBORAN EDITORES C/ Pedro Antonio de Alarcón, 41 3º G 18004 Granada (España)

PRÓLOGO

Tengo el gran placer de presentar la segunda de una serie de obras dedicadas a la Psicología Clínica Aplicada en la Infancia y la Adolescencia, cuyo autor es mi buen amigo D. Antonio Luis Maldonado Cervera, Director General del Grupo ALBORAN y presidente de la Asociación Española para el Avance de la Psicología (AEPAP.")

Si bien aprecio todo el trabajo realizado por este excelente profesional de la psicología moderna, me satisface enormemente continuar con esta obra sobre el Trastorno por Déficit de Atención e Hiperactividad con Comportamiento Perturbador.

Los que, como yo, no somos profesionales de la Psicología nos sorprendemos de que las personas con este trastorno no sean diagnosticadas a una edad temprana o, en el caso de que lo sean, su diagnóstico no sea correcto. El trastorno por Déficit de Atención e Hiperactividad (TDAH) es un cuadro sintomático tremendamente heterogéneo. Se caracteriza básicamente por una atención lábil y dispersa, impulsividad e inquietud motriz exagerada para la edad del niño y sin carácter propositivo. Es un trastorno del comportamiento de inicio en la infancia, crónico y sintomáticamente evolutivo. En el Centro de Psicología ALBORAN, D. Antonio Luis y su equipo de psicólogos llevan a cabo la Terapia Cognitivo-Conductual, ya que permite abordar problemáticas muy diversas aplicando técnicas que cuentan con aval científico. En el tratamiento del TDAH, este gran profesional de la psicología trabaja junto a otros profesionales, con el objetivo de proporcionar un tratamiento multidisciplinar e individualizado que permita reducir los síntomas, así como las dificultades que el individuo muestra al llevar a cabo las actividades de la vida diaria.

Sebastián Carvajal Ramírez

(Asociación Española para el Avance de la Psicología)

INTRODUCCIÓN A LA OBRA: "TRASTORNO POR DÉFICIT DE ATENCIÓN E HIPERACTIVIDAD CON COMPORTAMIENTO PERTURBADOR".

El desconocimiento que existe sobre el papel de la psicología ante los distintos problemas psicológicos se manifiesta igualmente ante el TDAH. Si las personas no van al psicólogo porque no saben qué hacemos o piensan "yo no estoy loco"… ¿Con qué argumento acudirán al psicólogo los padres de un menor con un Trastorno por Déficit de Atención e Hiperactividad, para pedirnos ayuda profesional? La experiencia clínica me lleva a concluir que algunos padres sí acudirán al psicólogo para que se realice la evaluación e informe de su hijo con posible TDAH. No obstante, es muy poco frecuente que se demanden los servicios del psicólogo para la posterior intervención especializada. Es por ello que la mejor forma de ayudar a los niños y niñas con estos síntomas es mediante la información a profesionales, padres y actores del sistema educativo, no sólo sobre la necesidad de detectar, evaluar y diagnosticar el TDAH sino sobre la necesidad de la adaptación curricular y la intervención especializada.

ÍNDICE GENERAL

I. INTRODUCCIÓN AL TRASTORNO POR DÉFICIT DE ATENCIÓN E HIPERACTIVIDAD CON COMPORTAMIENTO PERTURBADOR

De todos los problemas diagnosticados en la infancia, los comportamientos antisociales, como los encontrados en los niños con trastorno disocial o negativista desafiante, provocan la mayor preocupación de la sociedad. Esto se debe, en parte, a su visibilidad, a la cantidad de personas que suelen estar afectadas y a sus graves implicaciones para la sociedad.

Las alteraciones de la conducta social incluyen un amplio rango de comportamientos problemáticos, en su mayoría relacionados con las pautas sociales y donde los "mayores" son quienes evidencian, enjuician y tratan de cambiar esos problemas.

La importancia de estos trastornos se evidencia en sus repercusiones sociales. Algunos autores han reflejado el aumento en la escuela de conductas problemáticas como los novillos, el absentismo, robos, destrucción de propiedades, desafío a la autoridad, etc. (Kauffman, 1985; Harootunian y Apter, 1983); o también el aumento de la violencia juvenil y con ello el número de niños y jóvenes que tienen contacto con el sistema penal o policial.

El sistema DSM-V (APA, 2014) hace mención a la categoría denominada Trastornos por Déficit de Atención con Hiperactividad dentro de la sección de trastornos del desarrollo neurológico y por otro lado la categoría Trastornos destructivos, del control de los impulsos y de la conducta. Dentro de estas dos categorías se encuentran los siguientes trastornos: Trastorno por déficit de atención con hiperactividad, Trastorno negativista desafiante, Trastorno de la conducta, Trastorno no especificado.

En este trastorno como en otros muchos, la colaboración e intervención familiar es fundamental. Por ello, es importante la intervención a nivel personal, familiar, escolar y comunidad.

1. CARACTERÍSTICAS DE LOS TRASTORNOS DE CONDUCTA.

Las conductas antisociales que tienen lugar en el curso del desarrollo tienden a ser aisladas, breves y no muy intensas. Cuando las conductas son extremas, no remiten en el curso del desarrollo, afectan al funcionamiento diario del niño y tiene consecuencias importantes para otros (padres, maestros, compañeros), los niños requieren atención clínica. Las conductas antisociales se consideran desviaciones significativas de la conducta normal y los niños se identifican por instancias sanitarias o judiciales.

Variaciones por sexo y edad. Los trastornos de conducta en niños varían en función del *sexo.* La conducta antisocial parece ser al menos tres veces más común entre los chicos. Las diferencias por sexo no son debidas meramente a prejuicios en los procesos de selección para identificar a más chicos que chicas con trastornos.

La *edad media* de inicio del trastorno en niños estaba en el intervalo de 8 a 10 años y en las chicas en el de 14 a 16 años.

Los *patrones de síntomas* característicos también fueron diferentes. Las sustracciones eran una causa más frecuente de tratamiento en chicos que en chicas antisociales. En los chicos la agresión también tendía a ser un problema. En las chicas la conducta antisocial solía incluir comportamiento sexual inapropiado.

Síntomas y síndromes. Cualquier acción antisocial específica que muestren los niños puede considerarse un síntoma individual o conducta en cuestión. Es probable que varias conductas antisociales distintas ocurran juntas y formen un síndrome. El trastorno de conducta, como síndrome, incluye varias características centrales como las peleas, rabietas, sustracciones, absentismo escolar, destrucción de la propiedad, etc. No es probable que un niño presente todos los síntomas.

Características correlativas y asociadas. Entre los síntomas alternativos que se han encontrado en niños antisociales, los relacionados con la hiperactividad se han identificado con más frecuencia. También tienden a presentar problemas académicos. Establecen malas relaciones interpersonales, suelen ser rechazados por sus compañeros y tienen pocas habilidades sociales. Se ha comprobado que los jóvenes antisociales son deficientes en las habilidades para la resolución de problemas que subyacen en las relaciones sociales.

Características familiares y de los padres. Entre las características que muestran los familiares de niños y adolescentes antisociales nos encontramos *psicopatologías e inadaptación de los padres.* Dos de las características más claras son el alcoholismo y la conducta delictiva, particularmente del padre. Las *prácticas y actitudes disciplinarias* de los padres también están asociadas a los trastornos de conducta. Los padres son propensos a mostrar prácticas disciplinarias especialmente duras, relajadas, irregulares e inconsistentes. Las *relaciones conflictivas* son también evidentes en la menor aceptación de sus hijos, menos calor, afecto y apoyo emocional, y menos apego comparado con padres de jóvenes que no requieren tratamiento. En el aspecto de las relaciones familiares, son igualmente evidentes unas comunicaciones de menor apoyo y más defensivas entre los miembros de la familia, menos participación en las actividades familiares y un claro dominio de un miembro de la familia. Además, las relaciones entre los padres de niños antisociales están caracterizadas por la infelicidad, los conflictos personales y las agresiones.

Condiciones ambientales. Una serie de circunstancias en las que los jóvenes viven son relevantes tanto para la comprensión de la disfunción como para el tratamiento. Muchas de las condiciones adversas en las que viven las familias causan estrés a los padres o disminuyen el umbral de resistencia a los factores de estrés diarios. El estrés y las desventajas socioeconómicas están relacionadas con la continuación y beneficios del tratamiento y por ello no han de pasarse por alto en las intervenciones clínicas.

2. FACTORES DE RIESGO.

Se han identificado varios factores que colocan al niño bajo riesgo de trastornos de conducta. Signos precoces de conducta problemática o revoltosa en casa o en la escuela son factores de predicción destacados. Se ha identificado como factores de riesgo una variedad de características de los padres y familiares que incluyen factores genéticos, delincuencia, conducta antisocial y alcoholismo en los padres, disputas de pareja y prácticas disciplinarias duras e inconsistentes entre otros.

El estudio de los factores de riesgo, comienzo y curso clínico ha revelado la marcada estabilidad y continuidad de la conducta antisocial. No sólo existe continuidad desde la niñez a la adolescencia y madurez, sino también a través de generaciones. Los estudios de adopciones y de disfunciones de padres y abuelos de niños antisociales han ayudado a establecer continuidad entre generaciones. Aunque las bases precisas de esta continuidad, esto es, el grado en que los modelos de acción de los genes funcionan y la influencia de los factores socioambientales, no están bien establecidas, el hecho es que los trastornos de conducta tienen un curso continuo. La estabilidad y continuidad de los trastornos de conducta significa que las intervenciones diseñadas para mejorar estas conductas son sumamente importantes.

3. CRITERIOS DIAGNÓSTICOS SEGÚN EL DSM-V

1. <u>**Trastorno por Déficit de Atención con Hiperactividad**</u>

1) Patrón persistente de inatención y/o hiperactividad-impulsividad que interfiere con el funcionamiento o el desarrollo, que se caracteriza por (1) y/o (2):

2) **Inatención:** Seis (o más) de los siguientes síntomas se han mantenido durante al menos 6 meses en un grado que no concuerda con el nivel de desarrollo y que afecta directamente las actividades sociales y académicas/laborales:

Nota: Los síntomas no son sólo una manifestación del comportamiento de oposición, desafío, hostilidad o fracaso en la comprensión de tareas o instrucciones. Para adolescentes mayores y adultos (17 o más años) se requiere un mínimo de cinco síntomas.

a) Con frecuencia falla en prestar la debida atención a detalles o por descuido se cometen errores en las tareas escolares, en el trabajo o durante otras actividades (p. ej., se pasan por alto o se pierden detalles, el trabajo no se lleva a cabo con precisión).

b) Con frecuencia tiene dificultades para mantener la atención en tareas o actividades recreativas (p. ej., tiene dificultad para mantener la atención en clases, conversaciones o la lectura prolongada).

c) Con frecuencia parece no escuchar cuando se le habla directamente (p. ej., parece tener la mente en otras cosas, incluso en ausencia de cualquier distracción aparente).

d) Con frecuencia no sigue las instrucciones y no termina las tareas escolares, los quehaceres o los deberes laborales (p. ej., inicia tareas, pero se distrae rápidamente y se evade con facilidad).

e) Con frecuencia tiene dificultad para organizar tareas y actividades (p. ej., dificultad para gestionar tareas secuenciales; dificultad para poner los materiales y pertenencias en orden; descuido y desorganización en el trabajo; mala gestión del tiempo; no cumple los plazos).

f) Con frecuencia evita, le disgusta o se muestra poco entusiasta en iniciar tareas que requieren un esfuerzo mental sostenido (p. ej., tareas escolares o quehaceres domésticos; en adolescentes mayores y adultos, preparación de informes, completar formularios, revisar artículos largos).

g) Con frecuencia pierde cosas necesarias para tareas o actividades (p. ej., materiales escolares, lápices, libros, instrumentos, billetero, llaves, papeles del trabajo, gafas, móvil).

h) Con frecuencia se distrae con facilidad por estímulos externos (para adolescentes mayores y adultos, puede incluir pensamientos no relacionados).

i) Con frecuencia olvida las actividades cotidianas (p. ej., hacer las tareas, hacer las diligencias; en adolescentes mayores y adultos: devolver las llamadas, pagar las facturas, acudir a las citas).

3) **Hiperactividad e impulsividad:** Seis (o más) de los siguientes síntomas se han mantenido durante al menos 6 meses en un grado que no concuerda con el nivel de desarrollo y que afecta directamente a las actividades sociales y académicas/laborales:

Nota: Los síntomas no son sólo una manifestación del comportamiento de oposición, desafío, hostilidad o fracaso para comprender tareas o instrucciones. Para adolescentes mayores y adultos (a partir de 17 años de edad), se requiere un mínimo de cinco síntomas.

a) Con frecuencia juguetea con o golpea las manos o los pies o se retuerce en el asiento.

b) Con frecuencia se levanta en situaciones en que se espera que permanezca sentado (p. ej., se levanta en la clase, en la oficina o en otro lugar de trabajo, o en otras situaciones que requieren mantenerse en su lugar).

c) Con frecuencia corretea o trepa en situaciones en las que no resulta apropiado. (**Nota:** En adolescentes o adultos, puede limitarse a estar inquieto.)

d) Con frecuencia es incapaz de jugar o de ocuparse tranquilamente en actividades recreativas.

e) Con frecuencia está "ocupado," actuando como si "lo impulsara un motor" (p. ej., es incapaz de estar o se siente incómodo estando quieto durante un tiempo prolongado, como en restaurantes, reuniones; los otros pueden pensar que está intranquilo o que le resulta difícil seguirlos).

f) Con frecuencia habla excesivamente.

g) Con frecuencia responde inesperadamente o antes de que se haya concluido una pregunta (p. ej., termina las frases de otros; no respeta el turno de conversación).

h) Con frecuencia le es difícil esperar su turno (p. ej., mientras espera en una cola).

i) Con frecuencia interrumpe o se inmiscuye con otros (p.ej., se mete en las conversaciones, juegos o actividades; puede empezar a utilizar las cosas de otras personas sin esperar o recibir permiso; en adolescentes y adultos, puede inmiscuirse o adelantarse a lo que hacen otros).

j) Algunos síntomas de inatención o hiperactivo-impulsivos estaban presentes antes de los 12 años.

k) Varios síntomas de inatención o hiperactivo-impulsivos están presentes en dos o más contextos (p. ej., en casa, en la escuela o en el trabajo; con los amigos o parientes; en otras actividades).

l) Existen pruebas claras de que los síntomas interfieren con el funcionamiento social, académico o laboral, o reducen la calidad de los mismos.

m) Los síntomas no se producen exclusivamente durante el curso de la esquizofrenia o de otro trastorno psicótico y no se explican mejor por otro trastorno mental (p. ej., trastorno del estado de ánimo, trastorno de ansiedad, trastorno disociativo, trastorno de la personalidad, intoxicación o abstinencia de sustancias).

Especificar si:

314.01 (F90.2) Presentación combinada: Si se cumplen el Criterio

A1 (inatención) y el Criterio A2 (hiperactividad-impulsividad) durante los últimos 6 meses.

314.00 (F90.0) Presentación predominante con falta de atención: Si se cumple el Criterio A1 (inatención) pero no se cumple el Criterio A2 (hiperactividad-impulsividad) durante los últimos 6 meses.

314.01 (F90.1) Presentación predominante hiperactiva/impulsiva: Si se cumple el Criterio A2 (hiperactividad-impulsividad) y no se cumple el Criterio A1 (inatención) durante los últimos 6 meses.

Especificar si:

En remisión parcial: Cuando previamente se cumplían todos los criterios, no todos los criterios se han cumplido durante los últimos 6 meses, y los síntomas siguen deteriorando el funcionamiento social, académico o laboral.

Especificar la gravedad actual:

Leve: Pocos o ningún síntoma están presentes más que los necesarios para el diagnóstico, y los síntomas sólo producen deterioro mínimo del funcionamiento social o laboral.

Moderado: Síntomas o deterioros funcionales presentes entre "leve" y "grave".

Grave: Presencia de muchos síntomas aparte de los necesarios para el diagnóstico o de varios síntomas particularmente graves, o los síntomas producen deterioro notable del funcionamiento social o laboral.

2. <u>Trastorno por Déficit de Atención no especificado</u>

Esta categoría se aplica a presentaciones en las que predominan los síntomas característicos de trastorno por déficit de atención con hiperactividad que causan malestar clínicamente significativo o deterioro del funcionamiento social, laboral o de otras áreas importantes, pero que no cumplen todos los criterios del trastorno por déficit de atención con hiperactividad o de ninguno de los trastornos de la categoría diagnóstica de los trastornos del desarrollo neurológico. La categoría de trastorno por déficit de atención con hiperactividad no especificado se utiliza en situaciones en las que el clínico opta por no especificar el motivo de incumplimiento de los criterios de trastorno por déficit de atención con hiperactividad o de un trastorno del desarrollo neurológico específico, e incluye presentaciones en las que no existe suficiente información para hacer un diagnóstico más específico.

Los trastornos negativista desafiante y de la conducta se encuentran recogidos en el capítulo de trastornos destructivos del control de los impulsos y de la conducta del actual DSM-5, quedando separado del trastorno por déficit de atención con hiperactividad como estaba anteriormente en el DSM-IV-TR.

3. <u>Trastorno de la Conducta (Anterior Trastorno Disocial)</u>

Los criterios que el Manual Diagnóstico y Estadístico de los Trastornos Mentales (DSM-5), ha creado para que un niño/adolescente pueda ser diagnosticado de trastorno de la conducta son:

Un patrón repetitivo y persistente de comportamiento en el que no se respetan los derechos básicos de otros, las normas o reglas sociales propias de la edad, lo que se manifiesta por la presencia en los doce últimos meses de por lo menos tres de los quince criterios siguientes en cualquier de las categorías siguientes, existiendo por lo menos uno en los últimos seis meses:

Agresión a personas y animales

1. A menudo acosa, amenaza o intimada a otros.
2. A menudo inicia peleas.
3. Ha usado un arma que puede provocar serios daños a terceros (p. ej., un bastón, un ladrillo, una botella rota, un cuchillo, un arma de fuego).
4. Ha ejercido la crueldad física contra personas.
5. Ha ejercido la crueldad física contra animales.
6. Ha robado enfrentándose a una víctima (p. ej., atraco, robo de un monedero, extorsión, atraco a mano armada).
7. Ha violado sexualmente a alguien.

Destrucción de la propiedad

8. Ha prendido fuego deliberadamente con la intención de provocar daños graves.
9. Ha destruido deliberadamente la propiedad de alguien (pero no por medio del fuego).

Engaño o robo

10. Ha invadido la casa, edificio o automóvil de alguien.
11. A menudo miente para obtener objetos o favores, o para evitar obligaciones (p. ej. "engaña" a otros).
12. Ha robado objetos de valor no triviales sin enfrentarse a la

víctima (p. ej., hurto en una tienda sin violencia ni invasión; falsificación).

Incumplimiento grave de las normas

13. A menudo sale por la noche a pesar de la prohibición de sus padres, empezando antes de los 13 años.
14. Ha pasado una noche fuera de casa sin permiso mientras vivía con sus padres o en un hogar de acogida, por lo menos dos veces o una vez si estuvo ausente durante un tiempo prolongado.
15. A menudo falta en la escuela, empezando antes de los 13 años.
    A. *El trastorno del comportamiento provoca un malestar clínicamente significativo en las áreas social, académica o laboral.*
    B. *Si la edad del individuo es de 18 años o más, no se cumplen los criterios de trastorno de la personalidad antisocial.*

Especificar si:

312.81 (F91.1) Tipo de inicio infantil: Los individuos muestran, por lo menos, un síntoma característico del trastorno de conducta antes de cumplir los 10 años.

312.82 (F91.2) Tipo de inicio adolescente: Los individuos no muestran ningún síntoma característico del trastorno de conducta antes de cumplir los 10 años.

312.89 (F91.9) Tipo de inicio no especificado: Se cumplen los criterios del trastorno de conducta, pero no existe suficiente información disponible para determinar si la aparición del primer síntoma fue anterior a los 10 años de edad.

Especificar si:

Con emociones prosociales limitadas: Para poder asignar este especificador, el individuo ha de haber presentado, por lo menos, dos de las siguientes características de forma persistente durante doce meses por lo menos, en diversas relaciones y situaciones.

Estas características reflejan el patrón típico de relaciones interpersonales y emocionales del individuo durante ese período, no solamente episodios ocasionales en algunas situaciones.

Por lo tanto, para evaluar los criterios de un especificador concreto, se necesitan varias fuentes de información. Además de la comunicación del propio individuo, es necesario considerar lo que dicen otros que lo hayan conocido durante periodos prolongados de tiempo (p. ej., padres, profesores, compañeros de trabajo, familiares, amigos).

Falta de remordimientos o culpabilidad: No se siente mal ni culpable cuando hace algo malo (no cuentan los remordimientos que expresa solamente cuando le sorprenden o ante un castigo). El individuo muestra una falta general de preocupación sobre las consecuencias negativas de sus acciones. Por ejemplo, el individuo no siente remordimientos después de hacer daño a alguien ni se preocupa por las consecuencias de transgredir las reglas.

Insensible, carente de empatía: No tiene en cuenta ni le preocupan los sentimientos de los demás. Este individuo se describe como frío e indiferente. La persona parece más preocupada por los efectos de sus actos sobre sí mismo que sobre los demás, incluso cuando provocan daños apreciables a terceros.

Despreocupado por su rendimiento: No muestra preocupación respecto a un rendimiento deficitario o problemático en la escuela, en el trabajo o en otras actividades importantes. El individuo no realiza el esfuerzo necesario para alcanzar un buen rendimiento, incluso cuando las expectativas son claras, y suele culpar a los demás de su rendimiento deficitario.

Afecto superficial o deficiente: No expresa sentimientos ni muestra emociones con los demás, salvo de una forma que parece poco sentida, poco sincera o superficial (p. ej., con acciones que contradicen la emoción expresada; puede "conectar" o "desconectar" las emociones rápidamente) o cuando recurre a expresiones emocionales para obtener beneficios (p. ej., expresa emociones para manipular o intimidar a otros).

Especificar la gravedad actual:

Leve: Existen pocos o ningún problema de conducta aparte de los necesarios para establecer el diagnóstico, y los problemas de conducta provocan un daño relativamente menor a los demás (p. ej., mentiras, absentismo escolar, regresar tarde por la noche sin permiso, incumplir alguna otra regla).

Moderado: El número de problemas de conducta y el efecto sobre los demás son de gravedad intermedia entre los que se especifican en "leve" y en "grave" (p. ej., robo sin enfrentamiento con la víctima, vandalismo).

Grave: Existen muchos problemas de conducta además de los necesarios para establecer el diagnóstico, o dichos problemas provocan un daño considerable a los demás (p. ej., violación sexual, crueldad física, uso de armas, robo con enfrentamiento con la víctima, atraco e invasión).

4. <u>Trastorno Negativista Desafiante</u>

A. Un patrón de enfado/irritabilidad, discusiones/actitud desafiante o vengativa que dura por lo menos seis meses, que se manifiesta por lo menos con cuatro síntomas de cualquiera de las categorías siguientes y que se exhibe durante la interacción por lo menos con un individuo que no sea un hermano.

Enfado/irritabilidad

1. A menudo pierde la calma.
2. A menudo está susceptible o se molesta con facilidad.
3. A menudo está enfadado y resentido.

Discusiones/actitud desafiante

4. Discute a menudo con la autoridad o con los adultos, en el caso de los niños y los adolescentes.
5. A menudo desafía activamente o rechaza satisfacer la petición por parte de figuras de autoridad o normas.
6. A menudo molesta a los demás deliberadamente.
7. A menudo culpa a los demás por sus errores o su mal comportamiento.

Vengativo

8. Ha sido rencoroso o vengativo por lo menos dos veces en los últimos seis meses.

Nota: Se debe considerar la persistencia y la frecuencia de estos comportamientos para distinguir los que se consideren dentro de los límites normales, de los sintomáticos.

En los niños de menos de cinco años el comportamiento debe aparecer casi todos los días durante un periodo de seis meses por lo menos, a menos que se observe otra cosa (Criterio A8).

Si bien estos criterios de frecuencia se consideran el grado mínimo orientativo para definir los síntomas, también se deben tener en cuenta otros factores, por ejemplo, si la frecuencia y la intensidad de los comportamientos rebasan los límites de lo normal para el grado de desarrollo del individuo, su sexo y su cultura.

B. Este trastorno del comportamiento va asociado a un malestar en el individuo o en otras personas de su entorno social inmediato (es decir, familia, grupo de amigos, compañeros de trabajo) o tiene un impacto negativo en las áreas social, educativa, profesional u otras importantes.

C. Los comportamientos no aparecen exclusivamente en el transcurso de un trastorno psicótico, un trastorno por consumo de sustancias, un trastorno depresivo o uno bipolar. Además, no se cumplen los criterios de un trastorno de desregulación perturbador del estado de ánimo.

Especificar la gravedad actual:

Leve: Los síntomas se limitan a un entorno (p. ej., en casa, en la escuela, en el trabajo, con los compañeros).

Moderado: Algunos síntomas aparecen en dos entornos por lo menos.

Grave: Algunos síntomas aparecen en tres o más entornos.

4. DIAGNÓSTICO DIFERENCIAL

Diagnóstico diferencial Trastorno por déficit de atención con hiperactividad.

Durante la primera infancia puede ser difícil distinguir los síntomas de trastorno por déficit de atención con hiperactividad de ciertos comportamientos propios de la edad en niños activos (p. ej., corretear sin cesar o actuar ruidosamente).

En niños con CI bajo situados en centros académicos inadecuados para su capacidad intelectual son frecuentes los síntomas de desatención. Estos comportamientos deben distinguirse de signos similares en niños con trastorno por déficit de atención con hiperactividad.

En niños con retraso mental debe establecerse un diagnóstico adicional de trastorno por déficit de atención con hiperactividad sólo si los síntomas de desatención o hiperactividad son excesivos para la edad mental del niño. También puede observarse desatención en el aula cuando niños de elevada inteligencia están situados en ambientes académicamente poco estimulantes.

Debe distinguirse asimismo el trastorno por déficit de atención con hiperactividad de la dificultad experimentada en comportamientos dirigidos a un objetivo por niños pertenecientes a ambientes inadecuados, desorganizados o caóticos.

Los datos suministrados por distintos informadores (p. ej., «canguros», abuelos, o padres de otros niños) son útiles en cuanto que suministran una confluencia de observaciones concernientes a la desatención, hiperactividad y capacidad del niño para autorregularse adecuadamente en distintas situaciones.

Los sujetos con comportamiento negativista pueden resistirse a realizar tareas laborales o escolares que requieren dedicación personal a causa de su renuencia a aceptar las exigencias de otros. Estos síntomas deben diferenciarse de la evitación de tareas escolares observadas en sujetos con trastorno por déficit de atención con hiperactividad. El diagnóstico diferencial puede complicarse cuando algunos sujetos con trastorno por déficit de atención con hiperactividad presentan secundariamente actitudes negativistas hacia dichas tareas y devalúan su importancia, a menudo como una racionalización de su fracaso.

El trastorno por déficit de atención con hiperactividad no se diagnostica si los síntomas se explican mejor por la presencia de otro trastorno mental (p. ej., trastorno del estado de ánimo, trastorno de ansiedad, trastorno disociativo, trastorno de la personalidad, cambio de personalidad debido a una enfermedad médica o un trastorno relacionado con sustancias).

En todos estos trastornos, los síntomas de desatención tienen típicamente un inicio posterior a los 7 años de edad, y en general la historia infantil de adaptación escolar no se caracteriza por comportamiento perturbador o por quejas de los maestros concernientes a un comportamiento desatento, hiperactivo o impulsivo.

Cuando coexiste un trastorno del estado de ánimo o un trastorno de ansiedad con un trastorno por déficit de atención con hiperactividad, debe diagnosticarse cada uno de ellos. El trastorno por déficit de atención con hiperactividad no se diagnostica si los síntomas de desatención e hiperactividad se producen exclusivamente durante el curso de un trastorno generalizado del desarrollo o un trastorno psicótico. Los síntomas de desatención, hiperactividad o impulsividad relacionados con el uso de medicaciones (p. ej., broncodilatadores, isoniacida, acatisia por neurolépticos) en niños menores de 7 años no se diagnostican como trastorno por déficit de atención con hiperactividad, sino que se diagnostican como trastorno relacionado con otras sustancias no especificado.

Diagnóstico diferencial trastorno de la conducta.

Aunque el trastorno negativista desafiante incluye algunas de las características observadas en el trastorno de la conducta (p. ej., desobediencia y oposición a las figuras de autoridad), no incluye el patrón persistente de las formas de comportamiento más graves, que implican la violación de los derechos básicos de otras personas o de las normas sociales propias de la edad del sujeto. Cuando el patrón comportamental del sujeto satisface los criterios tanto de trastorno de la conducta como de trastorno negativista desafiante, el diagnóstico de trastorno de la conducta debe ocupar el lugar preferente y el trastorno negativista desafiante no debe diagnosticarse.

Aunque los niños con trastorno por déficit de atención con hiperactividad suelen exhibir un comportamiento hiperactivo e impulsivo que puede ser perturbador, este comportamiento no viola por sí mismo las normas sociales propias de la edad y, por consiguiente, no suele cumplir los criterios de trastorno de la conducta. Cuando se cumplen simultáneamente los criterios de trastorno por déficit de atención con hiperactividad y de trastorno de la conducta, deben establecerse ambos diagnósticos.

La irritabilidad y los problemas comportamentales suelen ocurrir en niños o adolescentes con un episodio maníaco. Normalmente se distinguen del patrón de problemas comportamentales propio del trastorno de la conducta por el curso episódico y las características sintomáticas acompañantes de un episodio maníaco. Si se cumplen los criterios de ambos trastornos, deben registrarse tanto el diagnóstico de trastorno de la conducta como el de trastorno bipolar I.

El diagnóstico de trastorno adaptativo (con alteración del comportamiento o con alteración mixta de las emociones y el comportamiento) debe ser tenido en cuenta si los problemas comportamentales clínicamente significativos que no satisfacen los criterios de otro trastorno específico se desarrollan en clara asociación con el inicio de un estrés psicosocial.

Algunos problemas de comportamiento aislados que no cumplen criterios de trastorno de la conducta ni de trastorno adaptativo pueden codificarse como comportamiento antisocial en la niñez o la adolescencia (v. «Otros problemas que pueden ser objeto de atención clínica», página 699). El trastorno de la conducta sólo se diagnostica si los problemas comportamentales representan un patrón repetitivo y persistente que se asocia a alteraciones de la actividad social, académica o laboral.

En los sujetos con más de 18 años de edad sólo se aplicará un diagnóstico de trastorno de la conducta si el trastorno no cumple también criterios de trastorno antisocial de la personalidad. El diagnóstico de trastorno antisocial de la personalidad no puede atribuirse a sujetos de menos de 18 años.

Diagnóstico diferencial del Trastorno negativista desafiante.

Los comportamientos perturbadores de los sujetos con trastorno negativista desafiante son de una naturaleza menos grave que las de sujetos con trastorno de la conducta y típicamente no incluyen agresiones hacia personas o animales, destrucción de propiedades ni un patrón de robos o fraudes.

Puesto que todas las características del trastorno negativista desafiante suelen estar presentes en el trastorno de la conducta, el trastorno negativista desafiante no se diagnostica si se cumplen criterios de trastorno de la conducta. El trastorno negativista es una característica comúnmente asociada a trastornos del estado de ánimo y a trastornos psicóticos de niños y adolescentes y no debe ser diagnosticado separadamente si los síntomas aparecen exclusivamente en el transcurso de un trastorno del estado de ánimo o de un trastorno psicótico. Los comportamientos negativistas también pueden distinguirse del comportamiento perturbador resultante de la desatención y la impulsividad propias del trastorno por déficit de atención con hiperactividad.

Cuando coexisten ambos trastornos, deben diagnosticarse los dos. En sujetos con retraso mental sólo se establece un diagnóstico de trastorno negativista desafiante cuando el comportamiento negativista es notablemente mayor que la habitualmente observada en sujetos de edad, sexo y gravedad del retraso mental comparables. El trastorno negativista desafiante también debe distinguirse de una incapacidad para seguir normas, consecuencia de una alteración de la comprensión del lenguaje (p. ej., pérdida auditiva, trastorno del lenguaje receptivo-expresivo).

El comportamiento negativista es una característica típica de ciertos estadios del desarrollo (p. ej., primera infancia y adolescencia). Sólo debe considerarse el diagnóstico de trastorno negativista desafiante si los comportamientos en cuestión aparecen más a menudo y tienen consecuencias más graves que las observadas típicamente en otros sujetos de nivel de desarrollo comparable, conduciendo a deterioro significativo de la actividad social, académica o laboral. La aparición de comportamientos negativistas en la adolescencia puede deberse al proceso de individualización normal.

5. BASES DE LA CONDUCTA MORAL Y PROSOCIAL

A. El aprendizaje de lo moral y la sociabilidad

La conducta moral se aprende como cualquier otra conducta, principalmente a través de la experimentación de las consecuencias de la propia conducta y de la observación de la conducta de los otros y de sus consecuencias.

El desarrollo moral es el aprendizaje de la conducta socialmente aceptable y la adquisición e internalización de las normas y valores transmitidos por las personas que rodean al niño en sus diferentes vertientes.

No se produce una progresión evolutiva regular y homogénea en los distintos componentes del desarrollo moral, aunque deben encontrarse efectos estables y acumulativos si las mismas condiciones del aprendizaje se mantienen a lo largo del tiempo.

Factores cognitivos tales como la capacidad de interpretar la información y representar la experiencia en forma simbólica, la anticipación de las consecuencias de los sucesos y las expectativas que se adquieren sobre las misma, ocupan un papel relevante en la explicación del comportamiento moral ante una situación dada.

B. **Etapas, desarrollo y condiciones de la conducta moral**

ETAPAS	SECUENCIA DE LA COMPETENCIA	PROCEDIMIENTOS Y TÉCNICAS DE INTERVENCIÓN
Seguimiento de instrucciones	• El habla del adulto controla la conducta del niño • Respuestas a las propiedades físicas de los estímulos	• Control de estímulos • Reforzamiento diferencial • Reforzamiento positivo • Modelado • Aproximaciones sucesivas

Conducta regulada por normas	• El niño ya responde convencionalmente ante la invención. • Normas: control externo de la conducta	• Construcción de normas: pocas, claras y concretas • Aplicaciones de la norma: controlables, sancionadas (Rf+, Rf-, etc.), modelado.
Conducta regulada por reglas	• El niño extrae consecuencias transituacionales de las normas y las aplica a situaciones nuevas. • Control autorregulado de su propia conducta	• Generalizar normas a situaciones nuevas. • Discutirlas y negociarlas con el niño. • Resolución de problemas. • Negociaciones y acuerdo. • Argumentar decisiones

C. Variables de la conducta moral (Wrigth, 1994)

1. *Resistencia a la tentación*: Capacidad de refrenar una conducta moralmente reprensible cuando se está motivado para realizarla, ya sea en presencia de otros, o bien, a solas.

2. *Reacciones posteriores a la transgresión*: La forma en que las personas se conducen y las emociones que expresan después de haber violado una regla moral.

3. *Altruismo*: La conducta dirigida a beneficiar a los demás.

4. Insight moral: Los tipos de razonamiento que la gente practica para justificar y defender sus juicios y creencias morales.

5. *Ideología moral*: Acciones que el individuo cree buenas o malas, su grado de compromiso con estas creencias y la función que cumplen tales creencias en su personalidad.

D. Educación moral. Las normas

Una persona moralmente autónoma es la que posee:

1. Un juicio moral (reflexión ante el conflicto de valores).
2. Conductas orientadas por criterios:
   a. Propios (no impuestos)
   b. Razonados.
   c. Solidarios/cooperativos

La educación moral es enseñar habilidades para esclarecer principios que guían, regulan y ordenan la vida colectiva. Debe ser transversal y específica:

a. Analizar la realidad rechazando lo no-justo.
b. Aplicar los derechos humanos como guía para relacionarse.

E. Objetivos de la educación moral.

1. Formar personas autónomas, dialogantes, comprometidas socialmente, participativas, críticas, respetuosas.
2. Desarrollar estructuras universales de juicio moral, potenciando la autonomía e iniciativa personal.
3. Dotar de capacidades y conocimientos para un análisis crítico y creativo (capacidad de reflexión en situaciones de conflicto de valores).
4. Potenciar valores de paz, cooperación y solidaridad.
5. Dotar de habilidades para hacer coherente el juicio y la acción moral. Los hábitos de conducta predisponen a determinados pensamientos y viceversa.

6. Dotar de instrumentos intelectuales y conductuales para analizar y criticar correctamente formas sociales establecidas.

F. Elementos del juicio moral

Conocimiento de sí mismo: pensamiento, sentimientos, intereses, valores (autoobservación y expresión)

1. Capacidad empática (simulación, estudio de casos, role playing, etc.).
2. Capacidad para adoptar perspectivas sociales diferentes (role-playing).
3. Capacidad para el diálogo (habilidades de comunicación)

G. Estadios del desarrollo moral

Preconvencional

Valores en función de la obediencia y huida del castigo.

- Egocentrismo, sin perspectiva social.
- Individualismo: posibilidad de existir conflicto entre intereses de cada persona.

Convencional

Obrar conforme con lo que las demás personas cercanas esperan que hagas.

- Mantener lo socialmente establecido. La acción justa es la que contribuye al bien social.
- Existe una pluralidad de valores en función del grupo cultural (relativismo social). Valores según consenso o acuerdo legal y

jurídico que asegura el bien para la mayoría.

- Principios personales y razonados. Respeto a la ley sólo si protege los derechos de todos (principios universales).

Dilemas

Son situaciones en las que el educador presenta dos alternativas de solución para discutir. Es necesario habilidades de comunicación y reflexión escrita antes de opinar.

Dilemas teóricos: problemas abstractos con personajes no reales, donde existe un conflicto de intereses.

Dilemas reales: situación-problema real, hipotética, personal (son más motivadores al facilitar mayor implicación por la experiencia).

- Existe la posibilidad de leer el dilema en grupo, dramatizarlo, presentarlo en comic, ...
- La respuesta debe ser lo que DEBE hacer el protagonista, no lo que probablemente haría (el dilema debe acabar en pregunta ¿qué tiene que hacer...?).
- Posibilidad de discutir primero en pequeños grupos.
- El educador puede complicar circunstancias, soluciones o consecuencias.
- Al final se resumen conclusiones y se reflexiona acerca de cada postura inicial. Se anima a aplicarlo.
- Grupos homogéneos: uno para cada alternativa jerarquizando razones. Después discusión general.
- Grupos mixtos: por grupos se mezclan partidarios de cada opinión. Después discusión general.
- Grupos role-taking: escenificación por grupos. Discusión.

H. Condiciones que favorecen la adquisición de estándares de moralidad (Wrigth, 1971)

- Fuertes vínculos entre padres e hijos.
- Imposición de firmes exigencias morales por los padres a los hijos. Utilización coherente de sanciones.
- Administración de castigos antes psicológicos que físicos (retiro de aprobación o cariño)
- Intensa utilización de razonamiento y explicaciones

I. Las normas y la escuela

Entendemos como norma y regla el acuerdo social sobre el comportamiento humano, sus límites y condiciones. Tanto las características como las condiciones de aplicabilidad y las sanciones se elaboran dentro de un marco compartido y arbitrario, necesariamente transmitido por el lenguaje o código de comunicación. Este universo normativo es lo que define la naturaleza social del hombre.

La regla social explícita o implícita, aceptada o transgredida, es el marco referencial de la conducta de cada individuo y es lo que en sociedad se encarga de trasmitir a todo niño desde que nace. Cuando un niño se escolariza ya ha tenido un largo contacto con el mundo normativo, en el hogar ya le han enseñado límites y posibilidades a toda su conducta, pero esa enseñanza siempre ha sido realizada a nivel restringido y en un contexto cercano afectivo y familiar.

Es en la escuela, al iniciar su completa socialización, cuando las normas generales de su medio cultural hacen su aparición de forma explícita y constante.

El niño debe aprender que hay conductas que puede y no puede hacer, normas de ajuste de todo su comportamiento respecto a "orden", "trabajo", "trato con los demás", etc. Es preciso que este aprendizaje se produzca sin grandes desviaciones ya que en caso contrario asistimos a lo que se denomina "conducta antisocial" que en la mayoría de los casos es incompatible con la permanencia del niño en la escuela y con el aprendizaje escolar.

Según Bauermeister (2007) a menudo, los padres, maestros y compañeros de los niños con el diagnóstico del TDAH con presentación combinada los describen como más agresivos, perturbadores, dominantes, entrometidos y ruidosos que otros niños. Por ejemplo, cuando juegan con otros niños quieren ser los líderes, decidir qué juegos van a jugar y establecer las reglas. Naturalmente, otros niños no quieren jugar con ellos. Esto hace que corran mayor riesgo de ser rechazados y de tener pocos amigos

J. Situación actual que rodea al menor

Características del entorno social.

- Menor definición moral.
- Inestabilidad de criterios educativos.
- Más oportunidades.
- Menor control social.
- Estilos educativos (autoritarismo-sobreprotección)
- Aumento de la influencia del grupo de iguales en intensidad y duración.
- Ocio más individualizado.
- Influencia negativa en las conductas prosociales y de interacción

6. PREVENCIÓN

Según lo que se conoce sobre los niños con conductas desadaptativas y sus familias, el tratamiento es inherentemente problemático. Los niños con trastornos de conducta tienden a sufrir disfunciones graves y de distintos tipos; también es probable que las condiciones familiares adversas agraven la disfunción además de interferir en la administración del tratamiento.

Quizá se pueda intervenir pronto en la progresión de la conducta antes de que los niños presenten un grado de disfunción característico de las muestras clínicas o enjuiciadas.

El interés en la prevención de la conducta antisocial ha sido amplio, en particular en relación a la delincuencia juvenil.

Es importante distinguir los distintos tipos de vías preventivas. La *prevención primaria* consiste en aquellas intervenciones diseñadas para prevenir el desarrollo de trastornos psicológicos y promocionar el bienestar de personas todavía no afectadas por la disfunción. Normalmente la intervención se realiza a grupos amplios no seleccionados de personas que no experimentan problemas de ajuste. La *prevención secundaria* se centra en aquellas personas que ya muestran algún signo precoz, leve o moderado de disfunción o presentan alto riesgo de problema clínico. Las intervenciones están diseñadas para evitar que la disfunción empeore.

Los programas de prevención de los problemas de conducta se caracterizan por distintas formas:

1. Puede dirigirse la atención a la prevención primaria o prevención secundaria.

2. Los programas difieren en su centro de atención principal. Los programas se orientan a desarrollar la competencia prosocial o funcionamiento de adaptación; otros se centran en la reducción del inicio de la disfunción o prevención de un problema específico.

3. Los programas pueden variar en si se aplican de forma general (por ejemplo, a todos los estudiantes de un colegio, distrito o ciudad) o si se dirigen a un grupo seleccionado por su alto riesgo.

4. Los programas se basan en los distintos entornos y de ahí se derivan los recursos e intervenciones empleadas para conseguir sus objetivos.

Se han realizado programas de intervención precoz en los padres y la familia, intervenciones basadas en la escuela e intervenciones basadas en la comunidad.

A. Intervención precoz en los padres

La intervención precoz en los padres y en la familia está dirigida hacia las influencias anteriores al nacimiento del niño además de sus primeros años de vida. Diversos estudios se han centrado en la reducción de los factores de riesgo que anuncian disfunciones infantiles y familiares como los trastornos de conducta infantiles.

B. Intervenciones basadas en la escuela

Las intervenciones precoces basadas en los padres y en la familia dan importancia al cuidado materno y desarrollo temprano del niño. Estos programas incluyen cuidado de día y experiencias precoces de los niños relacionadas con la escuela. Varias intervenciones relevantes dirigidas a los trastornos de conducta se han centrado prioritariamente en intervenciones basadas en la escuela, a menudo apoyadas con contactos con los padres.

También se han elaborado proyectos para ayudar a los niños con alto riesgo de fracaso escolar o aquellos que se centraban en reducir conductas antisociales.

II. TEORÍAS ETOLÓGICAS DEL COMPORTAMIENTO PERTURBADOR EN LA INFANCIA

Es importante, tanto en este como en el resto de los trastornos psicológicos que pueden aparecer en la infancia, conocer qué factores lo han desencadenado. Y ya no sólo para darle una explicación, sino de cara a su prevención.

La búsqueda de las causas de los trastornos del comportamiento, implica el estudio de diversas variables, ya que no existe un factor que explique en su totalidad estos trastornos. Los factores implicados en la etiología son tan numerosos como variados.

1. EN EL TRASTORNO POR DÉFICIT DE ATENCIÓN E HIPERACTIVIDAD

A. Hipótesis Fisiológica

En los últimos años el gran avance de la tecnología nos a permitido, una mejora en investigación en este campo. Los estudios con resonancia magnética de anatomía cerebral encuentran una disminución del tamaño de los lóbulos frontales (córtex prefrontal y cíngulo anterior), ganglios basales (núcleo caudado y globo pálido) y algunas regiones del cuerpo calloso que están relacionadas con regiones frontales y parietales. Del mismo modo estudios con tomografía de emisión de positrones señalan que los niños tienen menores niveles de flujo sanguíneo, de consumo de glucosa y actividad electroencefalográfica en los lóbulos frontales junto con una baja actividad en la región frontal anterior izquierda.

B. Hipótesis Genética

Se demuestra en los estudios de hermanos en población normal, en estudios de gemelos y en estudio de adopción la existencia de un vínculo genético al nivel de actividad motora y desatención. Los padres y hermanos de estos niños presentan más psicopatías relacionadas con este trastorno.

C. Hipótesis Psicológica

Hacen referencia a la influencia de los factores sociales y demográficos, familiares y de institucionalización.

Los ambientes con un alto nivel de castigo pueden llevar a una percepción de incontrolabilidad por parte del niño, de que haga lo que haga, va a ser ignorado o castigado. Lo que conocemos como autoestima, definida en términos de autodescripciones del niño acerca de sus capacidades y habilidades, puede entonces verse deteriorada en la dirección de no ser capaz más que de describir ésta en términos de elevada probabilidad de aparición de extinción y/o castigo.

Los padres ofrecen una importante fuente de modelado para sus hijos. Se ha identificado como un importante factor causante de conductas hiperactivas el hecho de que los padres u otros familiares cercanos manifiesten problemas de conducta.

Por otra parte, el niño al ser escolarizado puede no ser capaz de adaptarse a las nuevas reglas que se le imponen en el colegio, puesto que supone una notable reducción del nivel de actividad motora y física, mal controlada hasta el momento por inadecuadas contingencias.

Quizás sea éste un factor que también determina el hecho constatado de que la institucionalización temprana influya en la aparición de conductas hiperactivas. El entorno institucional no es, en la mayoría de las ocasiones, el mejor contexto para que el niño experimente contingencias adecuadas, ni tampoco existen modelos claros a los que imitar. Hay correlación entre la hiperactividad y haber vivido en una institución. Es posible que la hiperactividad sea un comportamiento aprendido que proporciona ventajas en un entorno de privación emocional.

Ante estas condiciones, puede que el niño no haya aprendido más que a responder de esta forma a las demandas del medio, a las reglas que le imponen el profesor y sus propios compañeros, y puede que también no haya encontrado otros medios de recibir atención social de su entorno, y use de esta forma las conductas disruptivas para conseguir atención.

En cuanto a la proporción, según el sexo, de casos de TDAH, encontramos que los varones manifiestan más conductas hiperactivas que las niñas. Este hecho se puede derivar de las consecuencias que siguen a las conductas de los chicos, que generalmente, suelen ser más enérgicas que las que se derivan de las conductas de las chicas.

D. Otras Hipótesis

Dentro de las complicaciones durante el embarazo y el parto, es el consumo de alcohol por parte de la madre embarazada el que tiene más peso. Los hijos de madres alcohólicas presentan mayor riesgo de padecer este trastorno.

- Las dietas con alto contenido de aditivos junto a los niveles subclínicos de plomo ambiental o fluorescentes de los colegios, favorecen el padecimiento de este trastorno.

Se han apuntado también la existencia de signos neurológicos "ligeros" (softsigns) de pequeñas alteraciones neurológicas tales como dificultad del equilibrio, pobre coordinación motora fina, torpeza, reflejos asimétricos, que son considerados signos de inmadurez evolutiva y tienden a disminuir con la edad. Estos datos no se han confirmado de forma definitiva.

SITUACIONES FAMILIARES QUE REPRESENTAN RIESGO

1. Nivel económico.
2. Utilización frecuente del castigo físico.
3. Desajuste matrimonial.
4. Tamaño familiar excesivo.
5. Aislamiento.
6. Hogar de padre único.
7. Carencia de apoyo social.
8. Nivel de educación materna bajo o nulo.
9. Rasgos psicopatológicos en la figura materna.

CARACTERÍSTICAS FAMILIARES POSITIVAS

1. Existencia de una buena información sobre el desarrollo infantil.
2. Existencia de reglas claras y ajustadas.
3. Flexibilidad en la aplicación de las normas y en las relaciones.
4. Relaciones afectivas claras.
5. Apoyo social para la solución de problemas.
6. Atención continuada a los cambios.
7. Expectativas ajustadas a las capacidades del individuo.

8. Comunicación fluida.

9. Promoción de autocontrol.

2. EN TRASTORNO DE LA CONDUCTA Y TRASTORNO NEGATIVISTA DESAFIANTE

Para tratar de explicar el **Trastorno de la Conducta** y el **Trastorno Negativista Desafiante**, se han propuesto distintos factores etiológicos. Estos van desde los problemas perinatales hasta los derivados de disfunciones en los neuromoduladores que intervienen en el control de impulso, pasando por peculiaridades en el estilo atribucional y cognitivo.

A. Factores Biológicos

Genéticos

- Existen estudios que afirman que, en gemelos existe mayor concordancia en monocigóticos que dicigóticos.
- En investigaciones realizadas con niños adoptados, hay mayor riesgo, criminal y de conducta antisocial, en casos en que los padres biológicos tienen historiales de padecimiento de dicho trastorno.

Factores pre y perinatales

- Tienen más riegos de padecer éste trastorno, los niños con bajo peso al nacer.
- Existen estudios que demuestran que, los recién nacidos que han sufrido anoxia cerebral y sufrimiento en el parto corren más riegos de padecer trastorno de la conducta.
- La malnutrición, el consumo de drogas y alcohol de la madre durante el embarazo, aumenta el riesgo.

Factores cerebrales

- Se han comprobado, que existe un gran porcentaje de individuos que han padecido este trastorno, con alteraciones en el lóbulo frontal.
- Existen estudios que concluyen, que los pacientes infrasociavilizados, con trastorno de la conducta, experimentan un aumento de signos neurológicos menores.
- Se ha comprobado en estos pacientes un alto porcentaje de alteraciones electroencefalográficas variables.

Dieta

- La disminución en la ingestión de vitaminas, sobre todo de la B, podría ser un factor de riesgo para el trastorno de la conducta.
- Una dieta pobre en minerales, especialmente hierro, podría jugar un papel importante en este trastorno.
- El consumo de alimentos con aditivos, podía beneficiar a la aparición del trastorno de la conducta.

Plomo

- Los niveles subclínicos, son perjudiciales para el sujeto

B. Factores facilitadores del desencadenamiento del Trastorno de la Conducta Disocial

Personales

- El temperamento hiperexcitatorio es característico de estos pacientes.
- Los déficits neuropsicoplógicos como los signos neurológicos menores o dificultades en las funciones cerebrales ejecutivas, planificación de tareas y en el control de la atención esta

asociada a este trastorno.

- El rendimiento escolar y nivel intelectivo bajo juegan un papel importante en estos pacientes.
- Presentan con mucha frecuencia problemas en las relaciones interpersonales, teniendo una historia por rechazo de sus iguales.

Familiares

- La forma en la que los padres interactúan con los hijos contribuye a la génesis de comportamientos disociales. Por ejemplo, la dedicación y supervisión de los padres, así como sus prácticas de disciplina, están vinculados a los problemas de conducta.
- Las familias con antecedentes psicopatológicos, personalidad antisocial y alcoholismo tienen más probabilidad de que algunos de sus miembros padezcan conducta disocial. Se ha demostrado que los padres con problemas psicopatológicos dan más órdenes, hacen más preguntas y más críticas y cuando lo hacen es de manera airada, humillante o regañona.
- La dura disciplina, los modelos coercitivos, los castigos inconsistentes y falta de supervisión son métodos de enseñanza que favorecen la conducta disocial.
- Dentro de la calidad de las relaciones, el rechazo de los hijos, falta de soporte emocional adecuado, dificultades para establecer un vínculo afectivo y conflictos graves entra la pareja de cuidadores, afecta negativamente a los hijos, siendo un factor de riesgo para la conducta disocial.
- La desorganización de las prácticas de crianza en respuesta a una separación o divorcio, la existencia de un solo progenitor

y las segundas nupcias están ampliamente relacionados con este trastorno (Patterson, 1992)

- La existencia de un hermano mayor, con conductas disociales puede influir de forma negativa.
- Adversidad socio-económica: desempleo, pobreza o marginación son factores de riesgo.

Escolares

- La falta de posibilidad de atención escolar adecuada a las necesidades académicas y de conducta del niño aumenta el padecimiento de dicho trastorno.

Variables demográficas familiares

(ingresos, barrio, grupo étnico)

Rasgos de los padres

Rasgos de los abuelos (comportamiento antisocial) ⟶

Prácticas de Conducta

(conducta antisocial, gobierno familiar antisocial, gobierno familiar malo) desorganizada

Estresores familiares

(desempleo, conflicto matrimonial, divorcio)

III. EVALUACIÓN DEL COMPORTAMIENTO PERTURBADOR EN LA INFANCIA

1. EN TRASTORNO POR DÉFICIT DE ATENCIÓN E HIPERACTIVIDAD

"P. tiene apenas seis años y aparece moviéndose constantemente en torno a la habitación, respondiendo a todos los estímulos. Puede permanecer sentado quieto en su mesa sólo durante un corto período de tiempo. Luego está continuamente mirando a su alrededor, balanceando sus pies y cambiando de postura en la silla. Se está volviendo solitario y agresivo con otros niños. Tiene continuos accidentes, tales como caérsele cosas al suelo o romper su hoja mientras borra"

Un profesor

Niños hiperactivos. Guía para la familia y la escuela

Robert E. Valett

Al igual que con la evaluación de cualquier trastorno, el cometido principal de la evaluación del trastorno por déficit de atención con hiperactividad es describir el funcionamiento de un individuo dentro de un contexto social, de forma que pueda dictaminarse sobre la normalidad y los posibles tratamientos.

La evaluación del TDAH debe realizarse a través de diferentes procedimientos a fin de recopilar la máxima cantidad de datos, lo cual nos facilitará delimitar de manera más exacta, las diferentes manifestaciones, los síntomas y trastornos asociados. Por todo ello es necesario la evaluación en múltiples ambientes (familiar, escolar...), junto con la utilización de diferentes métodos y materiales de evaluación. Será igualmente necesaria la evaluación continua durante el desarrollo evolutivo del menor.

Para este método de recogida de información, los padres son la principal fuente de información, pero no la única, ya que se puede extraer información sobre el niño en el colegio, con la familia extensa, en su medio social, incluso desde el propio niño...

Se suelen utilizar entrevistas generales, específicas y semiestructuradas, junto a cuestionarios y escalas. Los cuestionarios y las escalas son muy útiles porque nos informan sobre los síntomas o las conductas relevantes en diferentes ámbitos. Todo esto nos ayudará a determinar si el comportamiento se desvía de la norma.

A. La entrevista Conductual

Comenzaremos la evaluación con una entrevista dirigida a los padres, con objeto de recoger la mayor cantidad de información acerca de la topografía de las conductas disruptivas que les han llevado a la consulta. El niño también debe ser entrevistado en el caso de que presente las habilidades necesarias para poder seguir el curso de la entrevista (ver ejemplos de entrevista al final de la conferencia).

Necesitaremos información sobre cuestiones que nos ayuden a esclarecer las causas que originaron las conductas problemáticas, y qué factores las mantienen. Además, habrá que acotar las conductas que aparecen, es decir, si hay sobreactividad, falta de atención y/o impulsividad, conductas disruptivas, ... de cara a una mejor intervención posterior.

Deberemos atender al desarrollo evolutivo del niño, a sus antecedentes médicos, al rendimiento en las tareas escolares, cambios en las conductas durante épocas recientes, intervenciones realizadas hasta la fecha y resultados obtenidos.

También deberán delimitarse los antecedentes de las conductas problema, es decir, su historia previa, y la historia familiar, centrada en aspectos socioeconómicos y otros problemas de conducta en miembros de la familia.

Al comienzo de la entrevista, dejaremos que los padres expongan su visión del problema, y explicaremos posteriormente, los diferentes pasos de la futura intervención y nuestra visión sobre el problema.

Tras esta introducción, reuniremos información general de todas las áreas problema relacionadas con el trastorno y que van asociadas a éste. Para todo ello, intentaremos obtener un esquema claro de la topografía de las conductas problemáticas (frecuencia, intensidad y duración). Podemos pedirles a los padres que hagan un registro narrativo de lo que observan en casa. Del podremos extraer las conductas problema más importante, y ordenarlas por grado de disruptividad e importancia.

Identificaremos las relaciones funcionales, encontrando los antecedentes y los consecuentes relacionados a las conductas implicadas.

El final de la entrevista lo estableceremos cuando haya tal cantidad de información que podamos elaborar una hipótesis de análisis funcional y devolveremos la información de forma ordenada a los padres y en términos conductuales, para que vayan familiarizándose con los términos.

La evaluación proseguirá con el uso de otras técnicas hasta poder elaborar un esquema antecedente-consecuencia coherente con el niño concreto con el que estamos tratando.

B. La Observación

Para la observación objetiva y sistematizada de las conductas en el TDAH, lo ideal es la recogida de información directa de los contextos naturales donde el niño se mueve cotidianamente. Pero realizar este tipo de observación supone un gasto excesivo, de manera que normalmente se usan salas de observación, con el inconveniente de que no serán totalmente representativas de las conductas reales del niño. En ocasiones se usan observadores entrenados por el psicólogo, que pueden ser los propios padres en casa y el profesor en el colegio.

El método más común es emplear una escala de valoración que permita a padres o a maestros considerar cuidadosamente comportamientos específicos. "La escala valorativa de conductas hiperactivas para padres y maestros" (ver anexo) puede ser una de ellas.

El evaluador administrará esta escala a padres y maestros. Los padres señalarán los comportamientos característicos de su hijo con un color y el maestro con uno diferente. De esta manera, se podrán comparar las respuestas y así se irán seleccionando aquellas conductas que ambos consideran muy problemáticas.

C. Evaluación del desarrollo psicosocial y de la personalidad

En primer lugar, es necesario plantear el cuestionamiento de las formas imperantes en la evaluación de este aspecto del desarrollo, por la problemática del campo y por la práctica realizada de forma mayoritaria, ya que una buena parte de las exploraciones realizadas se centran en aspectos que no han demostrado tener relación con los procesos de enseñanza-aprendizaje.

Es por ello, que se considera vital centrarse en las habilidades psicosociales que un individuo posee en un momento y contexto determinado (ahora y p.ej. en la escuela).

- Habilidades afectivo-personales: autoestima y autoconcepto escolar, relaciones de apego, equilibrio emocional. Podemos usar tests como: "Test de Autoestima -Cinco Escalas- para niños", "AFA" (Autoconcepto Forma A) y "Rosenberg" (este último en el caso de adolescentes).

- Habilidades socio-afectivas: adaptación familiar, adaptación escolar: al centro y grupal, inserción social. En este caso utilizaremos tests como: "Habilidades sociales para niños y adolescentes" y "Rathus" (sólo para adolescentes).

D. Evaluación del desarrollo intelectual

En la evaluación de la inteligencia es posible adoptar dos ópticas: aquella que persigue establecer el nivel de desarrollo determinado; y la que persigue analizar el funcionamiento intelectual, y además el nivel de potencial de aprendizaje.

La evaluación del desarrollo intelectual suele realizarse mediante el uso de tests estandarizados, algunos de los cuales son:

- Escalas de Inteligencia de Wechsler (WAIS-WISC-R-WPSSI). Sin duda, los instrumentos más usados para medir el desarrollo intelectual. Miden la ejecución intelectual de los sujetos en relación con una serie de tareas, verbales y manipulativas, como son: Cociente Verbal (información, comprensión, aritmética, semejanzas, vocabulario, dígitos, frases (WPPSI)); Cociente manipulativo (figuras incompletas, historietas, cubos, rompecabezas, claves, laberintos, casa de los animales (WPPSI), cuadrados (WPPSI), retest de la casa de los animales).

- Escala McCarthy: es una prueba para niños, que consta de 18 sub-pruebas: construcción de cubos, rompecabezas, memoria pictórica, vocabulario, cálculo, secuencia de golpeo, memoria verbal, orientación espacial, coordinación de piernas, de brazos, acción imitativa, copia de dibujos, memoria numérica, fluencia verbal, recuento y distribución, opuestos y formación de conceptos.
- Tests de matrices progresivas de Raven: con diversas formas según la edad del sujeto, constituyen pruebas menos complicadas que las anteriores, ya que la tarea es única: se trata de que el sujeto resuelva matrices espaciales a las que le falta una parte de ellas.
- Tests de Dóminos.

E. Evaluación mediante tests específicos

- EDAH. Escala para la evaluación del TDAH.
- CACIA.
- CAP. Child Attention Problems (Barkly, 1988).
- APRS. Academic PerformaceRting Scale (DuPaul et al; 1990).
- ADHD. Rating Scale (DePaul, 1990).
- ADDES. Attention Deficit Disorderes Evaluation Scale (McCarney, 1989).
- Werry-Weiss-Peters Activity Rating Scale.
- CBCL. Child Behavior Checklist.
- CBCL-TRF. Teacher Report Form.
- Youth Self Report

Evaluación para padres

- SCL-90-R. Symptom Cheklist 90-Revised (Derogatis, 1986).
- Parenting Stress Index (Abiding, 1986).

F. Autorregistros

Estos pueden ser de distintos tipos y deben estar lo más adaptados posible a la población a la que van dirigidos. Los más comunes son aquellos en los que se registran emociones, conductas y tareas que realiza.

2. EN TRASTORNO DE LA CONDUCTA NEGATIVISTA DESAFIANTE.

El proceso de diagnóstico debe comprender no sólo la exploración psicopatológica del sujeto, sino también sus capacidades y rendimientos cognitivos junto a la consideración del funcionamiento del ámbito socio-familiar.

La valoración clínica según las clasificaciones diagnósticas actuales centra su atención sobre cuatro tipos de conducta:

- Agresividad y crueldad a personas o animales. Amenazas, intimidación y/o provocación.
- Destrucción de la propiedad ajena. Incendios deliberados.
- Robos.
- Fugas del hogar o inasistencia a clase.
- Rabietas, mentiras reiteradas, desobediencia.

El diagnóstico ha de realizarse tras valorar la intensidad, frecuencia, estabilidad y repercusiones de esas conductas junto al marco o lugar donde se produzcan: casa, escuela, calle, ...

A. Evaluación mediante tests

Conflictos adolescente-familia

- CBQ. Conflict Behavior Questionnaire (Robin y Foster 1989).
- IC. Issues Checklist (Robin y Foster, 1989)

Autoevaluación para adolescentes

- CBCL-YSR. Child Behavior Checklist-Youth Self Report (Achenbach y Edelbrock , 1987).
- ADD-H. Adolescent Self-repor Scale (Conners y Wells, 1985).
- Self-Evaluation (teenager's) Self Repor (Gittelman, 1985).
- RCDS. (W.M. Reynold)

Método de Kohlberg para evaluar el razonamiento moral

Con este método, de lo que se trata es de evaluar el razonamiento moral del niño, planteándole dilemas hipotéticos como:

Juan ahorró diez euros para un balón de fútbol. Cuando llegó a la tienda vio que el vendedor estaba despistado. Juan miró atentamente el balón y, para su sorpresa, ahora costaba 15 €. A Juan se le ocurre que el balón cabría perfectamente en su mochila (estaba desinflado). Lo coge y se va de la tienda.

Termina tú de contar la historia (Kohlberg, 1964)

De lo que se trata es de obtener datos sobre el estado moral y de madurez moral del niño.

<u>ANEXO 1</u>

<u>ENTREVISTA A PADRES</u>

I.   Motivo de consulta

II.   Grado de acuerdo entre los padres

III.   A qué atribuyen ellos la conducta del niño

IV.   Tipo de recursos utilizados (y duración)

V.   Antecedentes y consecuentes actuales de la conducta.

VI.   Clima emocional:

- ¿Cómo se sienten los padres frente al niño?
- ¿Cómo expresan sus sentimientos más íntimos?
- ¿Experimentan culpabilidad por la conducta de su hijo?
- ¿Lo comparan con sus hermanos? ¿Cómo?
- ¿Creen que debería pagar por su mala conducta?
- ¿Defienden al niño encubriendo las consecuencias de su comportamiento?

VII.   Modelos de hiperactividad.

VIII.   Posibilidades de control sobre el ambiente y sobre reforzadores.

IX.   Rutinas del hogar

<u>ENTREVISTA AL NIÑO</u>

- Razones por las que acude a consulta.
- Intereses y pautas recreativas.
- Relaciones con los compañeros

Rendimiento académico

- Planes para el futuro.
- Papeles y relaciones con los miembros de la familia.

- Problemas actuales.
- Salud y estado físico.
- Miedos

ANEXO 2

AUTORREGISTROS

Estado de ánimo: el/la niño/a dibujará la cara que más se ajuste a su estado de ánimo cada día.

HORAS	LUNES	MARTES	MIÉRCOLES	JUEVES	VIERNES	SÁBADO	DOMINGO
MAÑANA							
TARDE							
NOCHE							

Realización de tareas: se usa para registrar las tareas que el/la niño/a realiza cada día.

TAREAS	**LUNES**	**MAR TES**	**MIÉRCO LES.**	**JUE VES**	**VIER NES**	**SÁBA DO.**	**DOMIN GO**
 COMPRAR EL PAN							
 ESTUDIAR							
 JUGAR							
 CUIDAR AL PERRO							

AYUDAR EN TAREAS DE CASA							
OTRAS TAREAS (especificar)							

<u>Realización de conductas:</u> el/la niño/a coloreará cada parte del gusano o cada pétalo de la flor cada vez que realice alguna de las conductas que hayamos establecido. También se usa para registrar si ha realizado o no las tareas.

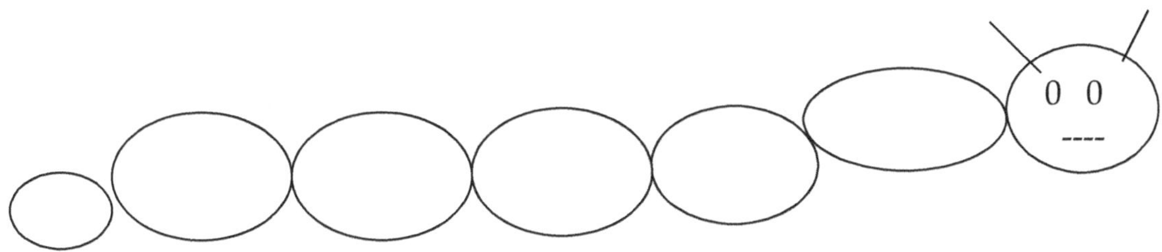

IV. INTERVENCIÓN EN EL TRASTORNO POR DÉFICIT DE ATENCIÓN E HIPERACTIVIDAD

"No para en todo el día, parece como si tuviera un motor y estuviera en marcha en todo momento, es incansable e inaguantable. No sé qué es lo que hemos hecho mal"

Este es uno de los comentarios más frecuentes que suelen hacer los padres de niños con TDAH. Y en realidad, tal y como vimos en la etiología, en sus manos está, y ha estado, el desarrollo y mejora del comportamiento de su hijo.

1. OBJETIVOS DEL TRATAMIENTO

Tras la evaluación del problema y la identificación de las conductas hiperactivas implicadas y de otras posibles conductas antisociales que pudieran aparecer, fijaremos los objetivos de la intervención conductual.

El objetivo general es favorecer el desarrollo normal del niño, de sus habilidades y de sus capacidades. Los objetivos específicos serán:

1) Reducción de la sobreactividad y aumento de la focalización de la atención.

2) Abordar las posibles complicaciones médicas que pudieran agravar el problema.

3) Normalizar el aprendizaje escolar y restablecer las relaciones sociales.

4) Cambiar las autodescripciones acerca de las capacidades propias del niño, es decir, mejorar su autoestima, y reeducar en respuestas emocionales adecuadas.

5) Reducir los problemas familiares que generan las conductas disruptivas del niño.

6) Reducir los problemas que genera el niño en el aula, tanto con los compañeros como con el profesor.

7) Dotar al niño de las habilidades necesarias para resolver los problemas que le van apareciendo

2. ÁMBITOS DE INTERVENCIÓN

A. Intervención familiar

Las reacciones de los padres y familiares cercanos nos podrán ayudar en la tarea terapéutica, o por el contrario, entorpecernos. Puede que estén excesivamente preocupados por no saber cómo educar a su hijo, y eso les genere otros problemas, como ansiedad. También podemos detectar que ellos mismos sufren problemas de conducta que deben ser tratados de forma integradora en una terapia de familia. Para afrontar todos estos problemas y los derivados de la posible conducta desafiante e hiperactiva, será conveniente entrenar a los padres en el manejo de contingencias adecuadas en función de la conducta que manifieste el niño en casa o en la calle.

B. Intervención sobre el niño

Nos centraremos en la sobreactividad y en el déficit de atención, reforzando actividades (como las escolares o los deberes en casa) que requieran atención y quietud.

C. Intervención en el aula

Usaremos pues, en general, todas aquellas técnicas de modificación de conducta que resulten útiles para reducir conductas indeseables y aumentar otras incompatibles y beneficiosas. También trabajaremos habilidades sociales. No olvidaremos el área escolar, armonizando estrategias en el aula y en casa y buscando la colaboración de profesores y tutor para abordar, entre otras, el aspecto académico.

3. TRATAMIENTO FARMACOLÓGICO

A. Estimulantes

La principal razón por la que se utilizan los psicoestimulantes es que incrementan la atención sostenida del niño hiperactivo. El metilfenidato (Rubifen) ha sido el más usado en los últimos tiempos y también el más investigado.

A nivel conductual parece que este psicoestimulante reduce significativamente la desobediencia y la agresividad, así como las conductas antisociales en aquellos niños hiperactivos que las presentan. La atención se incrementa con la administración del metilfenidato. Como consecuencia directa, se aprecia un incremento del rendimiento académico y escolar.

Pero una revisión de los trabajos acerca de los efectos referidos tras el tratamiento con metilfenidato revela la amplia variabilidad de los datos recogidos, que reflejan porcentajes de éxito que oscilan entre el 50% y el 69%, y que indican que casi la mitad de los niños hiperactivos no tienen mejoría significativa tras el tratamiento con este psicoestimulante.

Para sorpresa de todos, buena parte de los trabajos no recogen los efectos secundarios e indeseables que tienen los estimulantes. Entre ellos destacan la pérdida de peso y falta de apetito, elevada tasa cardiaca, incremento de la presión sanguínea, nerviosismo, insomnio ocasional y riesgo de adicción y tolerancia.

B. Antidepresivos

La fluoxetina (Prozac) tiene efectos significativos sobre la ansiedad y la depresión, pero no sobre el TDAH.

Los efectos secundarios de la fluoxetina pueden ser un agravante para el TDAH, en más de un 2% de los pacientes se manifiesta ansiedad, nerviosismo, insomnio, somnolencia, temblor, falta de apetito, náuseas, diarrea, y mareo

4. INTERVENCIÓN SOBRE EL NIÑO

La base lógica de este programa de intervención es la modificación de conducta, ya que, con independencia de la etiología, la manipulación de la conducta podría aliviar tanto las manifestaciones principales del TDAH como las secundarias.

1) Establecimiento de áreas de intervención y su orden: autonomía personal, responsabilidad, estudio y rendimiento escolar, interacción social.
2) Aplicación de reforzamiento de conductas incompatibles: actividades que requieran estar sentado, actividades con alto grado de concentración.
3) Mejora de la atención:

   - Buscar un sitio tranquilo, con poco acceso a estimulación.
   - Reforzar el contacto visual del niño con el que le da las instrucciones.
   - Dotar al niño de claves silenciosas que dará en respuesta de haber entendido una instrucción, como por ejemplo asentir con la cabeza.
   - Introducir de forma gradual y lenta en cada ensayo más instrucciones.
   - Buscar un compañero en clase que le aclare dudas y que le sirva como modelo de atención al profesor. Los padres

pueden hacer de modelos en casa cuando el niño haga los deberes.

- Aplicar el entrenamiento en autoinstrucciones, que consiste en introducir verbalizaciones internas que le lleven al éxito.

- Hacer uso siempre del reforzamiento positivo, y de forma gradual, hacer que el niño se acerque al requisito de respuesta establecido.

- Proponer actividades reforzantes y que necesiten mantener la atención durante su realización: puzzles, buscar diferencias, laberintos, colorear, un juego de ordenador...

4) Control estimular: se trata de introducir cambios estructurales en el ambiente que modifiquen los estímulos discriminativos que desencadenan las conductas disruptivas o la falta de atención. Por ejemplo, un cuarto desordenado.

5) Entrenamiento en relajación: cualquiera de las técnicas existentes, adaptadas para cada una de las poblaciones de edad, nos pueden servir. Jacobson, imaginación temática, el bosque tranquilo.

6) Entrenamiento en habilidades sociales.

En este contexto es útil el uso del modelado mediante el uso de vídeos en el que aparezcan otros niños en situaciones en las que él niño no se comporta adecuadamente; también es una buena herramienta que el mismo terapeuta haga de modelo en vivo para el niño, el cual puede repetir en la sesión lo que éste le enseña; acudir a los pares o iguales también puede sernos de gran utilidad, sobre todo en el aula, por lo que podremos hacer uso de sus propios compañeros de clase, y a la vez podremos evaluar hasta qué punto el niño muestra y generaliza los componentes que ya ha aprendido en la terapia; por último el niño puede ensayar las habilidades recién aprendidas con otros adultos coterapeutas o con el mismo terapeuta, practicando la técnica del ensayo de conducta (role-playing), en la que el adulto actúe como un igual del niño. Kelly (1987) propone un original ejemplo de aplicación del ensayo de conducta consistente en usar muñecos de guiñol, con los cuales el niño se interpreta a sí mismo y el adulto a otros amigos o compañeros suyos, ensayando situaciones de la vida real que el niño no maneja adecuadamente.

Los componentes finales del entrenamiento lo constituyen los referentes a la generalización de las habilidades aprendidas. Serán dos principalmente: establecer situaciones en vivo que permitan usar esas habilidades sociales y elaborar un programa de reforzamiento de las conductas sociales competentes en esas mismas situaciones naturales.

Las habilidades sociales que nos interesa entrenar son:

En el contexto de los niños más pequeños, trabajaremos habilidades tales como hábitos correctos en la comida, interacciones positivas con los demás, juegos adecuados, relaciones amistosas, compartir con los demás, etc.

Con niños hiperactivos de mayor edad, previos a la pubertad, no podemos olvidar habilidades del tipo de las que siguen: intercambios positivos con los demás, hacer preguntas, conversaciones sociales, conducta cooperativa grupal, dar cumplidos, interacción con los niños más "populares", contestar afirmativamente a los requerimientos de los adultos, participar en clase, mantener una apariencia limpia y atractiva, compartir con los demás, iniciar juegos, controlar las reacciones emocionales cuando hay enfado, etc.

Por tanto, cuatro áreas para entrenar: integración social, habilidades conversacionales, resolución de conflictos y problemas, y control de los enfados.

ENTRENAMIENTO A NIÑOS
1. Entrenamiento en habilidades sociales
2. Entrenamiento en relajación
3. Refuerzos personalizados
4. Entrenamiento en autoinstrucciones
5. Entrenamiento en resolución de problemas
6. Desarrollar y aumentar su autoestima

5. TAREAS EVOLUTIVAS Y EJERCICIOS

Consiste en una serie de tareas y ejercicios para reducir la hiperactividad e incrementar la inhibición muscular, la atención y el autocontrol.

Las tareas están presentadas en un orden de dificultad apropiado. Los primeros se refieren primordialmente a la enseñanza de la relajación y, progresivamente, se introducen tareas de control muscular. Por último, aparecen ejercicios más complejos que requieren control visomotor y cognitivo.

Tras cada uno de los ejercicios, se le proporcionará retroalimentación al menor acerca de su ejecución.

Estas tareas son sugerencias, deberán ser modificadas y completadas para satisfacer las necesidades en cada momento. Para conseguir la mayor efectividad, se deberán desarrollar en cooperación con la familia.

Masaje

- ***Objetivo: Aprender a relajar conscientemente partes del cuerpo, a través del masaje.***

<u>Materiales</u>: Colchoneta, mesa, almohadón para el suelo; cronómetro, hoja de registro; profesor o padre ayudante.

<u>Procedimiento</u>: El alumno se acuesta cómodamente sobre su estómago, con los brazos y piernas estirados y la cabeza vuelta hacia un lado. Poner en marcha el reloj. Colocarse o sentarse a un lado y, suavemente, empezar a dar un masaje en el cuello y los hombros del alumno. Utilizando ambas manos a la vez, delicada pero firmemente apretar y dar un masaje a la base y los lados del cuello. Luego mover ambas manos hacia los hombros y darles un masaje lentamente. Se deben dar como mínimo cinco minutos de masaje en estas zonas del cuerpo. Cuando haya terminado, el niño/a anota el tiempo.

<u>Actividades complementarias</u>: De forma pausada, dar un masaje en la frente, brazos, manos y parte baja de la espalda. Este es un ejercicio excelente para que lo hagan los padres con sus hijos. Se puede entrenar también rápidamente a los compañeros, para darse masajes unos a otros.

Árbol balanceado por el viento.

- ***Objetivo: Desarrollar el movimiento lento y agraciado del cuerpo, mientras el niño permanece en un mismo sitio.***

<u>Materiales:</u> Cronómetro, hoja de registro.

<u>Procedimiento:</u> Decirle al niño/a, "acciona el cronómetro". Colócate con los pies juntos y las manos por encima de la cabeza. Cierra los ojos y, lentamente, mueve los brazos y el cuerpo como si fueras un árbol balanceado por el viento. No muevas los pies. Fíjate en lo lentamente que puedes mover los brazos en diferentes posiciones. Continúa así toso el tiempo que puedas. Luego, para el reloj y registra tu tiempo".

Si se dispone de una cámara de vídeo, hacer que el niño grabe su movimiento y ponerlo después para que el niño/a pueda verse en el vídeo. Pedirle que intente moverse con más lentitud y gracia la próxima vez.

Actividades complementarias: decirle al niño/a que su mano es una hoja asida a una rama del árbol (su brazo). Hacer que mueva lentamente sólo una mano y un brazo, como una rama mecida por el viento. Luego deberá repetir el ejercicio empleando la otra mano y brazo.

Cosas escondidas.

- ***Objetivo: ser capaz de prestar atención a objetos que se están moviendo de un lugar a otro y recordar dónde están.***

Materiales: Cuatro vasos de plástico opacos y del mismo color, caramelos, hoja de puntuaciones.

Procedimiento: Decir al niño/a, "mira la mesa y los cuatro vasos boca abajo que hay encima, son del mismo color y no puedes ver a través de ellos. Voy a levantarlos uno por uno, para que puedas ver que no hay nada debajo de ellos. Ahora voy a colocar este caramelo debajo de este vaso. Si mantienes los ojos puestos en él y puedes señalar el vaso correcto cuando yo deje de moverlo, puedes comerte el caramelo. Ahora dejo de moverlo. Coge el vaso que creas que tiene debajo el caramelo. Si has acertado pon un punto positivo en tu hoja de puntuaciones. De lo contrario anota un punto negativo".

Actividades complementarias: Mover el caramelo y el vaso más deprisa, de forma que cada vez sea más difícil de seguir. Añadir un quinto vaso. Emplear letras y números de madera y recompensar las respuestas correctas con caramelos.

Reconstruir modelos.

- ***Objetivo: Ser capaz de recordar un modelo construido con cubos y reconstruirlo correctamente.***

<u>Materiales</u>: Cubos, tarjetas con modelos de diseños con bloques, hoja de puntuaciones.

<u>Procedimiento:</u> Decir al niño/a, "mira esta tarjeta en la que hay dibujado un modelo de diseño con cubos. Fíjate atentamente en cómo están colocados en el modelo. Ahora voy a contar hasta diez y volveré la tarjeta hacia abajo, de forma que no puedas ver más el modelo. Emplea estos cubos que hay encima de la mesa y construye un modelo igual que el que has visto en la tarjeta. Cuando hayas terminado, vuelve la tarjeta hacia arriba y comprueba si has colocado los bloques correctamente. Si es así, anota un punto positivo en tu hoja de puntuaciones. De lo contrario, asígnate un punto negativo".

<u>Actividades complementarias</u>: hacer que el niño/a progrese desde diseños muy simples, de dos o tres bloques, a otros más complejos. También pueden emplearse modelos diseñados a base de cuentas grandes y cordones.

6. ENTRENAMIENTO A LOS PADRES

a) Objetivos del entrenamiento

- Incrementar el conocimiento de los padres acerca los factores que pueden haber llevado a las conductas problema y contrastar con ellos un posible análisis funcional de la conducta.
- Dotar de estrategias suficientes para convertir a los padres en hábiles manejadores de contingencias de sus hijos.
- Y, por último, dotar de elementos que hagan la vida de la familia y de ellos mismos menos estresante y más satisfactoria.

b) Etapas del entrenamiento

1) *Programa de orientación y revisión de las conductas problemáticas*

Trataremos en esta primera etapa de poner al corriente a los padres del tratamiento que su hijo va a seguir en las siguientes sesiones terapéuticas, continuando con una información detallada y clara acerca de qué se entiende por Trastorno del comportamiento y presentando un cuadro explicativo de las posibles causas que originan y mantienen los problemas, y las consecuencias que éstas originan.

Por último, en esta fase trabajaremos con aquellas percepciones erróneas que puedan mantener sobre ellos mismos (por ejemplo, su falta de eficacia como educadores) o sobre su propio hijo (verbalizaciones el tipo "no tiene solución").

2) *Profundización en el entendimiento de las relaciones padres-hijo y en los principios de modificación de conducta.*

Estos dos serán los objetivos que deberemos cubrir en esta segunda etapa del entrenamiento de los padres. Será el momento de analizar con ellos el estilo conductual de su hijo, los problemas en su desarrollo, su comportamiento en casa y las dificultades con las que se encuentran en su relación con él.

Por último, la forma en que los padres responden a las conductas de su hijo nos servirá para introducir algunos principios generales de la Psicología del aprendizaje, así sobre cómo actúa el reforzamiento o el castigo.

3) *Mejora de las habilidades de atención de los padres*

Aquí destacaremos y enseñaremos la importancia de la administración correcta de atención a los hijos, y en las relaciones sociales en general.

La tarea de los padres en casa se materializará en el establecimiento de un período de unos 15 a 20 minutos de interacción con su hijo, en el cual no se dará ningún tipo de interrupción. Durante este tiempo el niño podrá realizar aquello que desee, mientras sus padres atienden a aquellas conductas estipuladas como correctas, y desatienden las incorrectas.

4) *Cómo prestar atención positiva*

Los padres deberán comprender después de esta etapa del entrenamiento la importancia de la atención consciente y positiva a aquellas cosas que su hijo hace bien. Ya se han sensibilizado de que su hijo hace cosas buenas también, pero ahora es el momento de aclararles que generalmente se le riñe, pero no se le hace caso cuando está relajado o centrado en alguna tarea.

Un segundo paso es instruir en habilidades a los padres para que, con respuestas sencillas, sus hijos obedezcan. Así, deberán aumentar el refuerzo que administren en aquellos momentos, aunque sean escasos, en los que su hijo obedezca. Y por supuesto, instigar para que se den ocasiones en las cuales el niño pueda ser reforzado por atender a las instrucciones de sus padres.

El entrenamiento en estas habilidades conllevará una serie de recomendaciones acerca de cómo dar instrucciones más efectivas los hijos: órdenes directas, no preguntas ambiguas; órdenes simples y fácilmente entendibles; dar la posibilidad de aclararle lo que no entiendan; dar instrucciones que también los padres cumplan, es decir, coherentes con la conducta de ellos mismos; etc. Atenderemos aquí al entrenamiento también de la comunicación no verbal: mirar a los ojos al hablarle, no mostrar disgusto o enfado al castigar, etc.

5) *Establecimiento de un sistema de recompensas en casa.*

Con este tipo de niños, el reforzamiento social no nos va bastar para cumplir los objetivos terapéuticos. Es pues el momento de establecer en casa privilegios tangibles a los que el niño puede acceder sólo si su conducta se adecua a las metas pactadas con él de antemano.

Así se establecerán dos listas en ese contrato con el niño, que realizarán los padres directamente con su hijo: una en la que se indique qué privilegios y recompensas adquirirá el niño y otra en la que se especifique de forma clara y sencilla (para que el niño lo comprenda con toda claridad) cuáles son los requisitos de respuesta que se le piden (reglas de casa, tareas diarias o semanales, etc.). Se establecerán clases de conducta que agrupen varios comportamientos que nos interesan o bien instaurar en el repertorio conductual del niño, o bien incrementar.

Progresivamente se establecerán programas de economía de fichas, con una duración no mayor a la semana. Inicialmente se aplica un programa de reforzamiento de razón fija 1:1: cada ocurrencia de una clase de conductas, se refuerza al niño con una ficha intercambiable, acompañándolo de reforzamiento social. El siguiente paso es un programa de razón fija de 2:1: cada 2 ocurrencias de una conducta de la clase, se da el reforzador. Se aumenta progresivamente el criterio de respuesta aplicando un programa de intervalo fijo: inicialmente puede ser de 3 ó 6 horas, para aumentarlo a 12 horas. Posteriormente se retira el sistema de fichas para aplicar reforzamiento de razón variable, sin necesidad del reforzador condicionado de la ficha y, finalmente, a intervalo variable, el más resistente a la extinción.

En la economía de fichas no se debe reforzar con ficha si se da una conducta negativa. El formato del sistema puede ser el de un panel grande donde se pinten cruces, se peguen estrellitas, etc.

Uso del costo de respuesta

Esta técnica de modificación de conducta se centra en la utilidad de la retroalimentación aversiva para conseguir el aprendizaje de determinadas conductas que no hemos conseguido establecer por otros medios no aversivos. La técnica prevé la pérdida de una consecuencia agradable ante la emisión de una conducta inadecuada. Se recomienda su uso en TDAH cuando la desobediencia no es excesiva, y ante aquellos desajustes del sistema de recompensas establecido por los padres y el niño en casa. También es muy útil la técnica cuando los padres no consiguen motivar al niño tan solo con el reforzamiento, es decir, cuando el niño no se esfuerza por conseguir privilegios.

- Su uso deberá ser asesorado en todo momento por el terapeuta, pues el abuso de la técnica ante la desobediencia reiterada, por ejemplo, de una misma conducta, la desprestigia y le resta potencial.

6) Uso del tiempo fuera

La técnica de aislamiento es un procedimiento similar al de la extinción, muy útil con niños hiperactivos.

Durante el aislamiento, el niño no podrá acceder a reforzamiento social ni a ningún otro tipo de reforzamiento positivo durante un período limitado de tiempo. Será muy importante que el niño capte la contingencia entre su conducta inadecuada y el aislamiento.

Pero igual de importante es el hecho de que los padres

comprendan en qué momentos el tiempo fuera es adecuado, cuánto debe durar, las condiciones que se deben dar, etc.

Orientaremos a los padres también en las condiciones de la aplicación de esta técnica. En primer lugar, el aislamiento durará tantos minutos como años tenga el niño. No es conveniente que el tiempo sea muy largo ni que la técnica se aplique con frecuencia, pues limita las posibilidades de que los padres atiendan a las conductas correctas de su hijo. En segundo lugar, se debe reintroducir el requerimiento de respuesta que originó, por su no cumplimiento, el tiempo fuera, tantas veces como sea necesario, hasta que el niño obedezca.

No dejaremos de advertir a los padres los riesgos de la técnica y le remitiremos a las normas básicas de aplicación de la técnica, las cuales pueden ser entregadas por escrito a estos.

7) Sesión de seguimiento

Transcurrido un mes desde la finalización del entrenamiento, habrá una sesión de seguimiento, en la cual, a través de entrevista, autoinforme y/o escalas de apreciación, recogeremos información con la que podremos reajustar aquellas partes del programa que fallen. Y podremos establecer, por último, otras sesiones de seguimiento a los 3, 6 y 12 meses.

ENTRENAMIENTO A PADRES
1. Quitar la idea de que el niño con TDAH es un niño malo
2. Educar a estos niños utilizando siempre normas explícitas con consecuencias pactadas
3. Instrucciones breves, precisas, concretas y sencillas

4. Aumentar contacto con iguales (no retener al niño en casa para que no moleste).
5. Prohibir el castigo físico y las amenazas.
6. Entrenar en autocontrol y autoinstrucciones a los padres.
7. Responsabilizar al niño de tareas sencillas que pueda llevar a cabo según su edad.
8. Hacer referencia a las habilidades positivas y éxitos de estos niños.
9. Necesidad de hábitos estables (comida, sueño, deberes, ver TV, ...). Orden y cumplimiento de horarios.
10. Informarles de conceptos de modificación de conducta.
11. Discriminar situaciones antecedentes (rabietas, desobediencia,) y entrenarlos en el manejo de contingencias. Identificar los antecedentes que facilitan la conducta y los consecuentes que la mantienen.
12. Fomentar los deportes en equipo donde existan normas y consecuencias pactadas si no existe cumplimiento.

7. INTERVENCIÓN EN EL AULA

Dos estrategias fundamentales pueden ser entrenadas en profesionales de la educación de cara a su puesta en marcha en el contexto del aula. Por un lado, todas aquellas estrategias que permiten que el grupo y la distribución espacial del aula controlen las conductas disruptivas de los niños hiperactivos. Por otro lado la aplicación de un sistema de economía de fichas como un elemento más del funcionamiento normal de la clase.

1. Control de conductas disruptivas en el aula

Una buena herramienta para intervenir a este nivel es la disposición espacial en el aula. Se pueden hacer grupos de niños más o menos heterogéneos, repartidos en diferentes localizaciones dentro del aula y constituidos por al menos un niño que haya sido entrenado como modelo.

Otra estrategia es la clarificación de las reglas que van a regir el funcionamiento normal del aula. Se puede realizar un gran cartel donde queden reflejadas estas reglas, que no deben ser muy largas ni muy complejas, en cuya elaboración participarán todos los niños. Además, en este cartel, los niños pueden ir firmando, a modo de contrato conductual, si cumplen las normas.

También se puede llevar a cabo reforzamiento compartido. Lo que se refuerza (o castiga) es la conducta global del grupo. Pero esta estrategia puede tener repercusiones negativas, como el hecho de que se generen agresiones o presiones del grupo sobre aquellos niños que impiden el acceso al reforzador. Este problema lo deberá tener muy presente el maestro y controlar las conductas aisladas de aquellos niños que con su conducta presionan a los demás.

2. Aplicación de un sistema de economía de fichas

La implantación de un programa de estas características en el aula debe ir acompañado de una cuidadosa planificación y un entrenamiento adecuado en principios de aprendizaje con el maestro o educador que lo vaya a aplicar. Este sistema nos puede ayudar en este contexto a conseguir que el niño adquiera conductas nuevas, como las de estudio y trabajo en el aula, la atención a las explicaciones del profesor y el aumento de número de ejercicios realizados en las diferentes asignaturas.

La economía de fichas es una técnica de modificación de conducta que consiste en la entrega de reforzadores condicionados generalizados, de forma contingente a la conducta meta, en forma de fichas o puntos y que podrán ser canjeados por otros reforzadores. La ficha empleada puede ser un trozo de cartulina en el que con letra clara y grande se pueda leer: "¡enhorabuena, lo has conseguido!" y firmada por detrás a modo de comprobante de su autenticidad. Tras un muestreo adecuado de los reforzadores materiales o de actividades que el niño prefiere, cada uno de ellos va a adquirir un determinado valor de puntos, de manera que, cuando el niño consiga una determinada cantidad de puntos accederá a aquello que tenga ese valor. Se pude hacer un listado con todos aquellos reforzadores a conseguir junto con su valor en puntos.

Serrano (1994) propone la siguiente planificación del programa:

En una hora de clase se marcarán 10 intervalos de 5 minutos donde el niño puede conseguir fichas. Los 10 minutos restantes son para registrar la conducta observada en la clase. La secuencia del programa es:

- del primer al tercer día: entrega de fichas tras cada intervalo de 5 minutos que acabe sin conducta que nosotros definamos como no adaptada.
- del cuarto día al sexto: una ficha por cada dos intervalos consecutivos sin conductas inadaptadas.
- del séptimo día al octavo: una ficha cada tres intervalos consecutivos sin conducta inadaptada.
- del noveno día al undécimo: una ficha por cada cinco intervalos consecutivos sin conducta inadaptada.
- últimos días: un número variable de fichas tras la clase en

función de su conducta.

- además, cada día se le entregarán tres fichas más si acaba correctamente la tarea y una si la deja a medias

La entrega de fichas debe ir siempre acompañada de refuerzo social. Las conductas disruptivas del niño dirigidas a que se le preste atención, deben ser contingentemente ignoradas.

Progresivamente, sustituiremos los reforzadores materiales por reforzadores sociales y provocaremos que las conductas se mantengan por motivación intrínseca.

Este procedimiento tiene algunos riesgos. Aunque es muy efectivo para disminuir las conductas hiperactivas, no se puede obviar la estigmatización que el hecho de ser tratado de diferente forma que el conjunto de la clase lleva asociado. Además, también se puede crear malestar entre los compañeros, que pueden también querer ser reforzados por conductas que ellos llevan a cabo normalmente. Una posible solución es generalizar el sistema de fichas a todo el grupo, pero usando otros requisitos de respuesta para ellos.

ENTRENAMIENTO A MAESTROS
1. Utilizar refuerzos personalizados y refuerzo social
2. Utilizar más recompensas que castigos
3. Fomentar juegos en equipo de niños más tranquilos
4. Motivar por medio de fichas, puntos y reconocimiento social
5. Planificar aprendizajes con dificultad progresiva
6. Desarrollar tareas breves (p.ej borrar la pizarra)

7. Utilizar dramatizaciones para fomentar el autocontrol y la solución de problemas
8. Escuchar narraciones y hacer resúmenes de ellas

V. TRASTORNO DE LA CONDUCTA

1. DESCRIPCIÓN DEL TRASTORNO

Los niños y adolescentes manifiestan en ocasiones conductas antisociales, tales como pataletas, peleas con sus hermanos, o destruyendo propiedad de otros o la propia. Para que podamos definirlos "niños problemáticos" estos comportamientos han de darse en la mayoría de los contextos y con una alta frecuencia.

Este trastorno se ha definido como un conjunto de *"patrones de conductas antisociales manifestados por los niños y adolescentes, que provocan un deterioro significativo en el funcionamiento cotidiano en casa y en la escuela, o bien las conductas se consideran como inmanejables por las personas significativas del entorno del sujeto"* (Kazdin, 1995). En esta definición, el término "conductas antisociales" se utiliza de forma amplia para referirse a cualquier conducta que refleje la violación de las reglas sociales y/o actos contra los demás. Normalmente incluyen comportamientos como la agresión, el robo, prender fuego, mentir, vandalismo y escaparse.

2. DESCRIPCIÓN CLÍNICA

Los niños y adolescentes diagnosticados con un trastorno de la conducta se diferencian de los niños que tienen un desarrollo moral en el extremismo, duración y consistencia de las conductas antisociales. Normalmente, estas conductas se categorizan de la forma siguiente: agresión hacia las personas o los animales, destrucción de la propiedad, engaño o robo, y violaciones serias de las reglas (APA, 2000). Varios teóricos han propuesto un continuo de conductas antisociales, que van desde *actos manifiestos* que suelen ser de enfrentamiento, observables y directos, hasta *actos encubiertos* que son de no enfrentamiento, ocultos o indirectos

(Loeber, 1982). Algunos niños suelen caer en un extremo de la dimensión, mostrando sólo un tipo de conducta, mientras que otros pueden mostrar conductas tanto manifiestas como encubiertas.

3. EPIDEMIOLOGÍA

La **prevalencia** del trastorno de la conducta varía ampliamente dependiendo de la población de donde se saca la muestra, de definiciones distintas empleadas para definir el trastorno de la conducta y del método utilizado para obtener dichas informaciones (Hoghughi, 1992). Las estimaciones de la prevalencia del trastorno de la conducta van del 4 a 10 por 100 de la población infantil, aunque no se encuentran disponibles estadísticas fiables (Kazdin, 1995). Cuando se evaluaban las conductas específicas que contribuyen el trastorno de la conducta, niños y adolescentes autoinforman de tasas mucho más altas.

El trastorno de la conducta se diagnostica más frecuentemente en varones, **con tasas de prevalencia** que van de 6 al 16 por 100, mientras que las estimaciones de mujeres diagnosticadas van del 2 al 9 por 100 (APA, 1994). Conforme los hombres y las mujeres se acercan a la adolescencia, sus tasas de prevalencia suelen manifestar menos discrepancias.

Los síntomas varían dependiendo del **género**, mostrando que los varones presentan con mayor frecuencia peleas, robos, vandalismo y problemas de disciplina en la escuela; sin embargo, las mujeres exhiben más conductas como mentir, faltar a clase, escaparse, abuso de sustancias psicoactivas y prostitución, es decir, problemas sin enfrentamiento.

El DSM-V categoriza al trastorno de la conducta en dos subtipos, que se diagnostican dependiendo de la edad de comienzo. El primer tipo es de *inicio en la niñez,* que se define por el inicio de al menos un criterio diagnóstico del trastorno de la conducta antes de los 10 años (APA, 2000). Aunque el trastorno de la conducta se diagnostica más frecuentemente en la mitad/final de la niñez o en la adolescencia, algunos estudios han mostrado que los síntomas pueden darse a una temprana edad como pueden ser los 5 años (Robins y Rutter, 1990). Según el DSM-V, los niños que satisfacen este subtipo son normalmente varones y es más probable que o bien continúen teniendo un trastorno disocial o desarrollen un trastorno antisocial de la personalidad cuando llegan a adultos.

El tipo *de inicio en la adolescencia* se define por la ausencia de características del trastorno de la conducta antes de los 10 años. Los adolescentes que cumplen los criterios de este trastorno tienen menos probabilidad que desarrollen un trastorno antisocial de la personalidad cuando lleguen a adultos. Suelen manifestar menos conductas agresivas y habitualmente tienen relaciones más normales con los iguales (APA, 2000).

4. EVALUACIÓN

Actualmente no existe una batería estándar para diagnosticar el trastorno de la conducta en niños y adolescentes. A pesar de esto, es necesario recoger datos de tantas fuentes como sea posible (niño, padres, escuela y comunidad) y por tantos medios como se encuentren disponibles.

A. Entrevistas

Se realizará una entrevista con los padres o cuidadores del niño para obtener un informe de los síntomas que presenta el niño o adolescente. Es también conveniente tener una entrevista tanto con el padre y la madre como con el niño, ya que frecuentemente el niño puede proporcionar información sobre problemas específicos que no siempre es evidente para sus padres (Herjanic y Reich, 1982). Estos problemas incluyen comportamientos de engaño, como mentir, robar y hacer novillos. Al entrevistar al niño/adolescente es importante recordar que después de una historia de conducta antisocial, se puede haber desarrollado actitudes negativas y de oposición hacia la autoridad, haciendo muy importante el establecimiento de la relación.

B. Evaluación funcional de las interacciones coercitivas

Teniendo en cuenta las perspectivas actuales sobre la etiología del trastorno de la conducta, una evaluación funcional de las interacciones padres/hijo constituye la información más significativa que el clínico podría recibir.

De forma específica, el clínico puede evaluar:

- ¿Qué está haciendo el niño que es problemático?
- ¿Bajo qué condiciones se producen estas conductas?
- ¿Cuáles son los efectos de estos actos?
- ¿Qué cambios resultarán de estos comportamientos?
- ¿Qué otras conductas alternativas tienen el niño?
- ¿Qué situaciones se están evitando?
- ¿Qué conductas podrían ser fomentadas?

Con el fin de llevar a cabo este tipo de evaluación, el clínico puede pedir a los padres que lleven un diario ABC, registrando los antecedentes de la conducta, la conducta misma y las consecuencias que le siguen.

C. Medidas de autoinforme

Estas medidas de autoinforme constituyen probablemente

algunos de los instrumentos de evaluación más ampliamente utilizados, existiendo formatos para los padres, los profesores y el niño/adolescente. Aunque estas listas no deberían usarse como instrumentos únicos para diagnosticar un trastorno de la conducta, pueden arrojar información importante, especialmente si es recogida a partir de diferentes fuentes. El instrumento usado más frecuentemente es la "Lista de comportamientos infantiles" (Child BehaviorChecklist), que tiene un formato para los padres y otro para el profesor (Achenbach), 1991). Esta lista tiene la ventaja de tener normas amplias con las que comparar a los niños con el "niño promedio". La lista contiene datos normativos para edades de 4 a 18 años recogidos en una encuesta por medio de entrevistas realizadas en las casas en 1989 se escogió a los sujetos de tal manera que fuesen representativos de los 50 estados (de Estados Unidos) con respecto al estatus socioeconómico, la raza, la región y la residencia urbana/suburbana/rural. Además, esta lista muestra una fiabilidad, validez de contenido, validez de constructo y validez de criterio adecuadas.

D. Tests de inteligencia/rendimiento

Se ha demostrado que los niños diagnosticados con un trastorno de la conducta frecuentemente tienen problemas académicos concomitantes (Herbert, 1987). Aunque un test de inteligencia o de rendimiento no ayudará en el diagnóstico, es importante que el niño pase un cribado cognitivo de modo que pueda ser colocado correctamente en los programas escolares. Si el niño está en clases que son demasiado elevadas, los altos niveles de frustración pueden conducir a la agresión o a conductas típicas del trastorno de la conducta (Kauffman, 1993).

E. Registros de comunidad

La información de la comunidad incluye los informes médicos, los informes judiciales y de la policía, los registros de hospitalizaciones psiquiátricas y la información de servicios de protección al menor.

Hay que resaltar, que aparte de la valiosa información que estos autorregistros pueden facilitarnos, reflejan sólo los actos antisociales observados y registrados. La dependencia exclusiva de estos registros podría llevar a una infraestimación de la seriedad y profundidad del problema.

5. TRATAMIENTO DEL TRASTORNO DE LA CONDUCTA

La terapia de conducta ha sido la intervención elegida en la mayoría de los tratamientos con base empírica para el trastorno de la conducta (Horne y Glaser, 1993). De acuerdo con la etiología hipotetizada del trastorno de la conducta, la terapia de conducta enfatiza el aprendizaje de nuevos comportamientos y la disminución de los desadaptativos por medio de técnicas tales como el refuerzo de la conducta apropiada, la extinción, el coste de respuesta, etc.

Entre los principales tipos de tratamiento de la conducta antisocial, vamos a destacar:

1. <u>TRATAMIENTOS CENTRADOS EN EL NIÑO</u>

- *Psicoterapia individual*

    - **Foco de atención**: en las bases intrapsíquicas de la conducta antisocial, especialmente conflictos y procesos psicológicos que han afectado negativamente en el curso del desarrollo.
    - **Procesos principales**: la relación con el terapeuta es le medio principal por el que se logra el cambio. El tratamiento

proporciona una experiencia correctora emocional dando ideas y explorando nuevas formas de conducta.

- *Psicoterapia en grupo*

  - **Foco de atención:** procesos de terapia individual como las anteriores. Los procesos adicionales son el afianzamiento, retroalimentación y beneficios indirectos por los compañeros. Procesos de grupo como la cohesión y le liderazgo también sirven de foco.

  - **Procesos principales:** relación con el terapeuta y compañeros como parte del grupo. Los procesos del grupo surgen para proporcionar a los niños experiencias y sentimientos de los demás y oportunidades para comprobar sus propias opiniones y conductas.

- *Terapia de conducta*

  - **Foco de atención:** conductas problemáticas que se presentan como síntomas o conductas diseñadas para contrarrestar esos síntomas (Ej.: conductas prosociales).

  - **Procesos principales:** aprendizaje de nuevas conductas por entrenamiento directo por modelado, refuerzo, práctica y representación de papeles. Entrenamiento en las situaciones (Ej. : en casa, en la comunidad) donde tienen lugar las conductas problemáticas.

- *Tratamiento de base cognitiva*

  - **Foco de atención:** procesos cognitivos y habilidades de resolución de problemas cognitivos interpersonales que subyacen a la conducta social.

  - **Procesos principales:** enseñar habilidades de resolución de problemas a niños por medio de un enfoque paso a paso de las situaciones interpersonales. Uso del modelado, práctica, ensayo, y representación de papeles para desarrollar las habilidades. Desarrollo de un diálogo interno que emplea los procesos de identificación de soluciones prosociales para problemas.

- *Farmacoterapia*

  - **Foco de atención:** diseñado para afectar a los substratos biológicos de la conducta, especialmente según los hallazgos de laboratorio sobre neurohumores, ciclos biológicos y otras correlaciones fisiológicas de la conducta agresiva y emotiva.

  - **Procesos principales:** administración de agentes psicotrópicos para controlar la conducta antisocial. El carbonato de litio y el haloperidol se han usado por sus efectos antiagresivos.

- *Tratamientos a pacientes residentes internos.*

  - **Foco de atención:** medio de administrar otras técnicas en tratamientos diarios o internados. Sirven los focos de las otras técnicas.

  - **Procesos principales:** se aplican los procesos de las otras técnicas. La separación del niño de los padres o alejamiento del hogar puede servir para reducir los procesos adversos o crisis que contribuyen al problema clínico.

2. *TRATAMIENTOS CENTRADOS EN LA FAMILIA*

- *Terapia familiar*
  - **Foco de atención:** la familia como sistema de funcionamiento sirve como foco más que el paciente.

Relaciones interpersonales, organización, papeles y dinámica de la familia.

- **Procesos principales:** comunicación, relaciones y estructura familiar y procesos como la autonomía, resolución de problemas y negociación.

• *Entrenamiento conductual de los padres*

- **Foco de atención:** interacciones en el hogar, especialmente aquellas que implican intercambios coercitivos.

- **Procesos principales:** entrenamiento directo de los padres para desarrollar conductas prosociales en los hijos. Uso explícito de técnicas de aprendizaje social para influir al niño.

3. *TRATAMIENTOS BASADOS EN LA COMUNIDAD*

• *Intervenciones comunitarias:*

- **Foco de atención:** en las actividades y programas comunitarios para alentar la competencia y relaciones con los compañeros.

- **Procesos principales:** desarrollar conductas prosociales y conexiones con los compañeros. Se procura que las actividades promuevan la conducta prosocial y sean incompatibles con la antisocial.

Dentro del tratamiento de la conducta antisocial, los enfoques más prometedores son:

A. *Entrenamiento en estrategias cognitivas de resolución de problemas:* la agresión no se desencadena sólo por sucesos del ambiente, sino más bien (por el modo en que estos sucesos son percibidos y procesados. El procesamiento se refiere a la estimación que el niño hace de la situación, la anticipación de las reacciones de los demás y las autocríticas en respuesta a los sucesos concretos. Cuando las situaciones son percibidas inicialmente como hostiles el sujeto es más propenso a reaccionar agresivamente.

B. *Entrenamiento conductual de los padres:* se refiere a los procedimientos en que se estrena a los padres para cambiar la conducta del niño en casa. Los padres se reúnen con el terapeuta Que les enseña a usar procedimientos específicos para alterar las interacciones con el niño, a promover la conducta prosocial ya disminuir la conducta desviada.

El propósito general del entretenimiento negociación de los padres es alterar el patrón de intercambios entre padres e hijo de manera Que lo que se refuerce y apoye directamente en la familia sea la conducta prosocial en vez de la agresiva. Esto requiere desarrollar varias conductas de los padres tales como el establecimiento de reglas para que las siga el niño, proporcionar refuerzo positivo para la conducta apropiada, poner formas, suaves de castigo para suprimir la conducta inadecuada, negociar acuerdos, etc.

- El tratamiento se realiza negociación con los padres.
- Se entrena a los padres para que identifiquen, definan y observen la conducta problemática de nuevas formas. La negociación cuidadosa del problema es esencial para dar refuerzo o castigo y para evaluar si el programa logra los objetivos deseados.
- Las sesiones de tratamiento abarcan principios de aprendizaje social y procedimientos que se derivan de éstos: castigo suave

(Ej.: menos refuerzo, pérdida de privilegios) y negociación.

- Las sesiones proporcionan ocasiones para que los padres vean cómo se realizan las técnicas, para que practiquen y observen los programas de cambio de conducta en casa.

- El fin inmediato del programa es que los padres desarrollen habilidades específicas. A medida que los padres se hacen más expertos, el programa puede orientarse hacia las conductas más problemáticas y abarcar otras áreas de problemas (Ej.: conducta escolar).

C. ***Terapia familiar funcional:*** es un enfoque integrador de tratamiento que se basa en enfoques sistemáticos, conductuales y cognitivos de la disfunción. Los problemas clínicos son considerados desde el punto de vista de las funciones para las que sirven en la familia como sistema, además de para los miembros individuales de la familia. Se presupone que el problema de conducta observable en el niño es el único modo en que algunas funciones interpersonales (Ej.: intimidad, distancia, apoyo) pueden tener lugar entre los miembros de la familia. Se considera que los procesos de inadaptación en la familia impiden otros modos más directos de realizar estas funciones. El fin del tratamiento es cambiar los patrones de interacción y comunicación de modo que se aliente un funcionamiento más adaptativo.

D. ***Tratamientos basados en la comunidad:*** el tratamiento ha de realizarse en la comunidad, así puede beneficiarse de los recursos del entorno habitual que puede apoyar la conducta prosocial. Se suelen llevar acabo en locales recreativos o centros juveniles donde los programas de actividades ya están en curso.

Enfatizan la necesidad de integrar y tratar a los jóvenes antisociales ya sus compañeros prosociales juntos. Los programas comunitarios promueven la conducta prosocial en grandes grupos de individuos y trabajan con servicios de la comunidad para cumplir sus objetivos. Los modos concretos en que estos enfoques proceden varían mucho. Los enfoques de estos tratamientos (Ej.: psicoterapia individual, terapia conductual) pueden utilizarse como parte de la intervención.

VI. TRASTORNO NEGATIVISTA DESAFIANTE

Barkley (1997) identificó tres categorías que estarían incluidas en la descripción general de "comportamiento desobediente":

1. Los niños no inician las acciones solicitadas por un adulto dentro de un periodo razonable de tiempo después de ser presentada la orden.
2. Cuando los niños responden de forma apropiada a una petición dentro de un razonable periodo de tiempo, pero, posteriormente, no mantiene esa conducta. En estos casos, parece darse una escasa atención, y persistencia, hacia la actividad o tarea solicitada.
3. Fracaso de los niños para seguir "reglas de conducta" previamente enseñadas que se aplican a situaciones específicas.

La conducta de oposición y desobediente puede ser "pasiva" en el sentido de que un niño puede "no responder", sino permanece inactivo, tranquilo y sumiso. Por el contrario, conductas "desafiantes" incluirían verbalizaciones negativas, hostilidad y resistencia física que ocurrirían al mismo tiempo que la desobediencia.

1. DESCRIPCIÓN

El DSM-V (APA, 2014) define el Trastorno Negativista Desafiante (TND) como *"un patrón recurrente de conducta negativista, desafiante, desobediente y hostil hacia figuras de autoridad que se mantiene durante al menos seis meses"*

Dentro del DSM-V, el TND se clasifica bajo la categoría de Trastorno destructivo del control de los impulsos y de la conducta y se excluye de la sección denominada Trastornos diagnosticados normalmente en la infancia, niñez o la adolescencia, como estaban anteriormente en el DSM-IV-TR.

Este sistema de clasificación especifica los siguientes criterios:

1) Perder los estribos.

2) Discutir con los adultos.

3) Desafiar o rehusar acatar, de forma activa, las peticiones o reglas de los adultos.

4) Hacer cosas, de forma deliberada, que molesten a otras personas.

5) Culpar a los demás por errores o conducta inadecuada.

6) Ser muy susceptible o fácilmente irritable ante los demás.

7) Estar enfadado o resentido.

8) Ser rencoroso y vengativo

Para realizar dicho diagnóstico, un niño tiene que presentar cuatro o más de estas conductas, durante un mínimo de 6 meses y "las conductas tienen que ocurrir con más frecuencia de lo que normalmente se observa en individuos de nivel de desarrollo y edad comparables y debe producir un deterioro significativo en el funcionamiento social, académico o laboral". El diagnóstico de TND no se realiza si las conductas criterio ocurren exclusivamente durante el curso de un trastorno del estado de ánimo o psicótico o si puede confirmarse un diagnóstico de trastorno del comportamiento o trastorno antisocial de la personalidad.

Según el DSM-V, las *conductas negativistas y desafiantes* se "expresan por medio de una terquedad y resistencia persistentes a las instrucciones y una falta de disposición a llegar a un compromiso, a ceder o a negociar con los adultos o con los iguales". El *desafío* incluye "comprobar deliberada o persistentemente los límites, normalmente por medio de ignorar a los demás, discutir o no aceptar la culpa de sus fechorías". La *hostilidad* es indicativa de la "agresión verbal" que "habitualmente no se acompaña por la más seria agresión física vista en el trastorno disocial".

Este trastorno ha de darse en distintos contextos, escuela, casa y lugares públicos. Las conductas negativistas normalmente son más claras cuando un niño interacciona con iguales y adultos que le son familiares en contraste con individuos desconocidos. Los niños con un TND no asumen ninguna responsabilidad por su comportamiento inadecuado y, por el contrario, lo justificarán como una respuesta antecircunstancias o demandas poco razonables.

2. EPIDEMIOLOGÍA

Se estima que del 2 al 16 por 100 de los niños tienen un Trastorno Desafiante por Oposición (APA, 2000; Jensen, Watanabe, Richters, Cortes, Roper y Lau, 1995; Pelham, Gnagy, Greenslade y Milich, 1992).

Antes de la pubertad, el trastorno es más frecuente en varones que en las mujeres, con proporciones que son más parecidas después de la pubertad. La presentación de los síntomas parece ser similar para hombres y mujeres, aunque entre los hombres las conductas externalizantes pueden ser más persistentes y beligerantes.

Este trastorno es evidente antes de los 8 años y nunca después de la adolescencia.

La mayoría de los niños con un Trastorno Negativista Desafiante tienen un diagnóstico comórbido de Trastorno por Déficit de Atención con Hiperactividad. También es habitual encontrar trastornos de la comunicación y del aprendizaje como condiciones asociadas. La presencia delTND es un potente factor de riesgo para el trastorno de la conducta.

3. EVALUACIÓN

La evaluación del TND infantil conlleva varios métodos y objetivos interrelacionados.

Para la mayoría de los clínicos el primer paso de la evaluación es determinar si el niño tiene un TND. Normalmente, este objetivo se lleva a cabo basándose en los criterios diagnósticos del DSM-V. Las entrevistas se realizan con los padres del niño, con otras personas significativas (por ejemplo, profesores) y, posiblemente, con el niño. Muchas veces el formato de la entrevista es "de final abiertos" y el clínico obtiene un diagnóstico recogiendo una determinada historia conductual, observando la presencia de síntomas y determinando la gravedad del problema. Se encuentran también disponibles entrevistas semiestructuradas, como la "Entrevista clínica-Formato para el informe del padre" de Barkley (1997). Este instrumento de evaluación permite que el clínico plantee preguntas a los padres del niño que están vinculadas con los criterios diagnósticos del DSM-V para el TND y que cuantifique sus respuestas indicando si los síntomas están presentes, ausentes o existe incertidumbre.

Las escalas de evaluación conductual, como la "Lista de conductas infantiles "(Child BehaviorChecklist, CBCL; Achenbach y Edekbrock, 1983) y las "Escalas de evaluación del profesor y de los padres, de Conners, 1990) se utilizan frecuentemente en la evaluación global de la psicopatología infantil. Otros instrumentos de evaluación conductual como el "Inventario de la conducta infantil, de Eyberg" (Eyberg Child BehaviorInventory, ECBI; Eyberg, 1980), el

"Cuestionario de situaciones en la casa" (Home SituationsQuestionnaire, HSQ; Barkley, 1987) y el "Cuestionario de situaciones escolares" (SchoolSituationsQuestionnaire, SSQ; Barkley, 1987) son útiles cuando el interés es evaluar las conductas desafiantes y de oposición.

Conseguir información sobre la frecuencia de las conductas específicas y el contexto en el que tienen lugar, es un objetivo crítico de la Evaluación conductual. Una ventaja de esta evaluación es que el registro de conductas, tales como la frecuencia de los comentarios negativos realizados por el niño o el porcentaje de obediencia de las peticiones de los padres, proporciona información sobre la ocurrencia real de las respuestas clínicamente relevantes. Además, al llevar a cabo esta evaluación en la casa, la comunidad y la escuela, es posible aislar las influencias funcionales que establecen la ocasión y mantienen las conductas desafiantes y por oposición.

Igualmente se deberían señalar otras dos preocupaciones relativas a la evaluación. La evaluación familiar debería centrarse en la presencia de psicopatología maternal y paternal, en las variables situacionales que podrían tener un efecto perjudicial sobre la adaptación de la familia y, por supuesto, las tácticas de educación y disciplina de los hijos llevadas a cabo por los padres. En segundo lugar, el clínico tiene que abordar el diagnóstico diferencial del TDO, especialmente en lo que se refiere a la comorbilidad con el THDA, el desarrollo del trastorno disocial y la presencia de ansiedad y trastornos del ánimo.

4. TRATAMIENTO

Se ha utilizado con éxito en el tratamiento del TND estrategias tanto conductuales (modificación de conducta, terapia de conducta, análisis aplicado de la conducta) como cognitivo-conductuales.

- ***Entrenamiento de padres***

El centro de atención del entrenamiento de padres está en cambiar las interacciones desadaptativas y coercitivas que existen entre padres y el niño con un TND. Estos patrones se consideran tanto un elemento contribuyente como una consecuencia de los problemas actuales.

Aunque hay variaciones en el formato y la secuencia de los programas de entrenamiento de padres, se pueden definir varios elementos:

1. El objetivo del tratamiento es enseñar a los padres cómo interactuar más eficazmente con el niño por medio de la adquisición de nuevas habilidades y la eliminación de estrategias ineficaces. Por consiguiente, la intervención tiene una tendencia de orientación activa y una orientación de desarrollo de habilidades que difiere de la terapia familiar tradicional que se proporcionaría a través del asesoramiento de forma ambulatoria.

2. El terapeuta adopta un estilo de enseñanza directo que incorpora demostración, representación de papeles, ensayo de conducta y tareas para casa para lograr los objetivos terapéuticos.

3. El entrenamiento puede realizarse en el gabinete del terapeuta o en una clínica, pero también puede llevarse a cabo en la casa del niño bajo condiciones naturales.

4. Los programas de entrenamiento se basan en un modelo de dominio de la información, que requiere que los padres aprendan y demuestren habilidades específicas como un prerrequisito antes de avanzar a otros objetivos de entrenamiento.

Un modelo ejemplar de entrenamiento de padres para niños con un TND es el programa desarrollado por Barkley (1997) denominado "Niños desafiantes: Manual del clínico para la evaluación y entrenamiento de padres (DefiantChildren: A Clinician´s Manual forAssessment and Parent Training). El programa se dirige a niños que manifiestan comportamientos desobedientes, desafiantes, de oposición, tercos y socialmente hostiles, juntos o en combinación con otros trastornos infantiles.

El programa de Barkley (1997) está basado en varios supuestos subyacentes que siguen los principios básicos del aprendizaje. Un concepto fundamental resaltado en el programa es que el tratamiento eficaz está determinado por la aplicación sistemática de las consecuencias que se producen después de las conductas apropiadas e inapropiadas. Estas consecuencias deberían ofrecerse de forma inmediata, consistente y de un modo específico a la conducta. Otro principio directriz es que los padres tienen que aprender a fomentar y reforzar ("recompensar") las conductas deseables antes de volver a la utilización de procedimientos de castigo, como el tiempo fuera y la retirada de privilegios.

El programa se compone de los siguientes diez pasos:

1) Entender las causas de la conducta inadecuada del niño.
2) Aprender a utilizar la atención de forma más eficaz y eficiente.
3) Aumentar la obediencia y el juego independiente.
4) Poner en práctica un sistema de economía de fichas.
5) Utilizar el tiempo fuera y otros procedimientos disciplinarios contingentes a la conducta para comportamientos específicos inadecuados.

6) Extender el tiempo fuera a otras conductas inadecuadas.

7) Anticipar problemas y manejar el comportamiento del niño en lugares públicos.

8) Mejorar la actuación en la escuela utilizando una "Tarjeta de informe diario de la conducta en la escuela".

9) Diseñar intervenciones de cambio de conducta para problemas futuros.

10) Sesiones de apoyo (boostersessions) para evaluar la adhesión de los padres al tratamiento, revisar el progreso y solucionar áreas de preocupación.

Para cada paso, en el programa de entrenamiento hay una lista de objetivos, materiales necesarios, esquema de los dos procedimientos y tareas para casa.

- ***Entrenamiento en habilidades cognitivas***

Los diferentes procedimientos de entrenamiento de padres incluyen varios enfoques de manejo de las contingencias que los padres aplican para cambiar el comportamiento del hijo. Por extensión, estos procedimientos pueden ser utilizados eficazmente por profesores y otros adultos importantes en la vida del niño. Por consiguiente, los padres y los profesores son los "receptores" del tratamiento. Por el contrario, el entrenamiento en habilidades cognitivas enseña al niño con un TDO habilidades compensatorias para mejorar la adaptación en la casa y en la escuela y para responder más eficientemente cuando se enfrente con situaciones conflictivas.

El entrenamiento en habilidades cognitivas aborda comportamientos perturbadores, desafiantes y de oposición de dos maneras generales. En primer lugar, se enseña a los niños a evaluar sus percepciones sobre el mundo, sus interpretaciones de los acontecimientos de la vida y sus atribuciones sobre el comportamiento.

Un segundo objetivo del entrenamiento en habilidades cognitivas es enseñar a los niños a afrontar situaciones difíciles y a responder a acontecimientos "desencadenantes" abordando las autoverbalizaciones y otros esquemas organizadores.

Hay varios métodos comunes que se incluyen en el entrenamiento en habilidades cognitivas:

1. Como ya hemos señalado, el entrenamiento se lleva a cabo directamente con el niño. Una opción consiste en plantear el entrenamiento individual en el contexto de la terapia 1 a 1. Sin embargo, más a menudo, el entrenamiento se proporciona dentro del contexto de un pequeño grupo en el que varios niños reciben la intervención por parte de uno o más terapeutas.

2. Los procedimientos utilizados en el entrenamiento incluyen instrucciones, demostración, representación de papeles, ensayo de conducta, retroalimentación de la actuación y refuerzo positivo. Se presenta a los niños una secuencia de pasos de que se compone una o más habilidades de solución de problemas. Se les enseña a realizar estos pasos utilizando los procedimientos indicados anteriormente y luego se disminuyen las interacciones del terapeuta (se "atenúan"), de modo que los niños aprenden a responder de forma independiente.

3. Existe la suposición de que las habilidades adquiridas durante el entrenamiento no se trasferirán automáticamente a lugares "naturales" como la casa, la escuela y la comunidad. Por consiguiente, un componente adicional del entrenamiento es

establecer contingencias que fomenten y mantengan las habilidades de autocontrol de los niños. Como ejemplo, se podría incitar a los niños a que demuestren ciertos procedimientos de autocontrol en presencia de sus padres como un prerrequisito para recibir refuerzo positivo.

VII. ENTRENAMIENTO DE PADRES DE NIÑOS CON PROBLEMAS DE COMPORTAMIENTO.

Los padres generalmente reciben poca preparación más allá de la experiencia de haber sido padres ellos mismos, produciéndose la mayor parte del aprendizaje durante la realización de la tarea por medio de ensayo y error. Las exigencias de la tarea de padres se complican aún más cuando no tienen acceso a extensos sistemas de apoyo familiar (por ejemplo, abuelos, amigos de la familia en quien confiar) para recibir consejos sobre la educación de los hijos, no tienen compañero/a o experimentan el estrés de la separación, del divorcio o de unirse a un/a nuevo/a compañero/a (Sanders, Nicholson y Floyd, 1997).

El desarrollo de tratamientos eficaces para los trastornos emocionales y comportamentales en niños y adolescentes es uno de los objetivos importantes para los profesionales de la salud mental. Es importante la realización de intervenciones eficaces tanto par disminuir el sufrimiento infantil como para prevenir o atenuar el daño que puede surgir más tarde.

Para ser eficaz, la intervención con padres requiere la presencia de tres condiciones: "a) los padres deben adquirir habilidades y modificar su propio comportamiento; b) los cambios deben tener lugar en los niños y c) los cambios deben generalizarse y mantenerse" (O´Dell, 1974).

El entrenamiento de padres posee una larga tradición en el campo de la modificación de conducta. Entre las razones por las que se realiza el entrenamiento de padres se encuentran las siguientes (Del Pino y Gaos, 1997):

1. Derecho y la obligación que tienen los padres de educar a sus hijos; es decir, dotarles de la mayor competencia posible para promover su propia salud, prevenir y/o resolver problemas de conducta y facilitarle su adaptación al contexto social.

2. El tratamiento de los problemas de la conducta infantil muestra una y otra vez el entrenamiento de padres como la modalidad de intervención que mejores resultados obtienes (Dumas, 1989; Kazdin, 1998; McMahon y Wells, 1989; Olivares y García-López, 1997).

El hecho de que los problemas infantiles se presentan generalmente asociados a situaciones específicas, el cambio conductual se conseguirá más rápidamente en el contexto natural que en el despacho del terapeuta. En consecuencia, la intervención alcanzará más eficacia si se interviene en el medio familiar, cuando sea éste, el contexto en el que se hallan las variables relevantes responsables del mantenimiento de la conducta problema.

En este caso habrá que entrenar a los padres y a cualquier otro adulto significativo del contexto familiar que pudiera estar contribuyendo con su conducta al mantenimiento del comportamiento desadaptativo del niño o del adolescente, pues aquellos, además de poder intervenir en el momento preciso, generalmente controlan reforzadores muy potentes y significativos para el niño y el adolescente, tales como la atención, el afecto o el dinero.

Los padres, en su interacción cotidiana con los niños, son los que con mayor probabilidad han generado o están manteniendo la mayoría de las conductas problema que presentan los niños y adolescentes, en razón de su información, creencias, habilidades educativas y estado psicológico, aun cuando no lo hagan de forma premeditada.

La carencia y los excesos que presentan los padres en sus repertorios básicos de conducta, a la hora de desempeñar su papel, constituyen uno de los principales elementos responsables de la génesis y el desarrollo de los problemas de conducta en la infancia y la adolescencia.

1. CONCEPTO Y DELIMITACIÓN DEL ENTRENAMIENTO DE PADRES

El entrenamiento de padres es un enfoque para el tratamiento de los problemas de conducta que utiliza estrategias por medio de las cuales se entrena a los padres a modificar la interacción padres-hijos, con el fin de fomentar la conducta prosocial y disminuir/eliminar los comportamientos desadaptativos. El objetivo general es alterar el patrón de los intercambios entre los padres y el niño, de manera que se refuerce y apoye directamente la conducta prosocial en lugar de las conductas coercitivas (Kazdin, 1988).

Este entrenamiento no solo pretende entrenar a los padres en el manejo de los niños con fines tanto preventivos como terapéuticos, conlleva estudiar las pautas que integran el desarrollo normal de los hijos y entrenar a los padres en aquellas habilidades en las que resulten deficitarios sus repertorios básicos de conducta (comunicación, resolución de problemas, manejo de estrés, etc.)

2. EVALUACIÓN DE LOS PADRES

Además de evaluar el papel que podrían estar desempeñando la conducta de los padres en tanto que eventos antecedentes y consecuentes respecto al comportamiento del niño, habría que evaluar si la petición de ayuda terapéutica para el niño se debe a problemas de la propia familia (de ajuste marital, psicopatológicos o psicosociales de cada uno de los padres) que, de algún modo, pueden estar alterando la percepción de los padres en relación con la conducta de su hijo (Gross y Wixted, 1988).

Es conveniente evaluar a) la existencia real del problema por el que se nos solicita intervención en el niño o el adolescente; b) conocer el curso evolutivo, habilidades de crianza y estado psicológico de cada uno de los padres; c) el funcionamiento de los padres en tanto que pareja; d) el funcionamiento y la estructura familiar (déficit en habilidades de comunicación y de solución de problemas, distorsiones cognitivas, estructura familiar disfuncional, etc.).

Los instrumentos que podemos utilizar para dicha información son amplios.

Podemos obtener información a través de la *entrevista* con los padres y/o hijo/a con el propósito de determinar la naturaleza de las interacciones problemáticas, determinar las condiciones antecedentes y las consecuencias que acompañan a las conductas. De igual forma, las *escalas de evaluación conductual*, nos van a permitir obtener una medida de la percepción de los padres sobre el niño/adolescente (sesgos perceptivos en la evaluación del comportamiento del niño). La *observación directa* nos permite establecer patrones específicos de interacción: determinar las variables dependientes y evaluar cambios en las variables dependientes atribuidos al tratamiento.

Entrevista inicial

Esta entrevista tiene el objetivo de recoger datos sobre el niño y la familia para realizar un análisis funcional inicial del caso. Al final de una o dos entrevistas, el terapeuta ha de ser capaz de indicar o contraindicar la participación de los padres en el grupo, en función: a) del tipo de quejas con relación al comportamiento infantil, b) del análisis funcional de las quejas, ¿el problema puede solucionarse a través de cambios en el patrón de interacción padres-hijo?, y c) del interés y disponibilidad de a menos uno de los padres para participar en el grupo de intervención.

Evaluación parental

Se sugiere la evaluación del nivel de estrés, depresión, satisfacción conyugal de los padres, ya que estos factores pueden influir sobre la calidad de implicación del/la padre/madre en el grupo.

Evaluación del comportamiento infantil

Se deben recoger datos a través del contacto directo con el niño para tener una mayor claridad de cómo se comporta.

Se sugiere que se realice la observación directa del comportamiento infantil en situaciones naturales y en la sesión llevada a cabo por los terapeutas con el niño.

Observación del patrón de la interacción padres-niño

Se debe crear una situación en la que pueda observarse el patrón de interacción padres-niño. Se sugiere colocar a los padres y al niño en una sala donde puedan ser observados (a través de un espejo unidireccional o de filmación en vídeo), diciendo que han de aguardar allí durante aproximadamente 30 minutos. Se deben dejar varios juguetes, además e material de interés para adultos, como revistas y periódicos y otros que puedan generar algún tipo de enfrentamiento entre los miembros (por ejemplo, chocolate o caramelos).

El objetivo es observar cómo los padres y los hijos se comportan cuando están juntos. Estas observaciones pueden ayudar a los terapeutas a identificar patrones de interacción familiar, problemas de comportamiento presentados por el niño, déficit en habilidades parentales necesarias en a educación infantil, además de posibilitar un análisis funcional detallado del caso.

3. ENTRENAMIENTO DE PADRES

A la hora de realizar el entrenamiento de padres es conveniente tener en cuenta una serie de consideraciones:

- Fomentar la necesidad de que asistan juntos los dos miembros de la pareja.

- Presentar los objetivos del programa de entrenamiento tanto en positivo como en negativo: ¿qué se pretende lograr? y ¿qué no se debe esperar del programa? ¿qué es lo que se espera que hagan los padres? y ¿qué es lo que no deberán hacer los padres que comprometan su asistencia al programa?

- Crear grupos homogéneos tanto en relación con las características de los padres (niveles socioeconómico y cultural) como respecto de los problemas que presentan los hijos.

- Generar, desarrollar y mantener el interés por la evaluación continua de las tareas para casa.

- Programar el entrenamiento en una secuencia de dificultad y complejidad crecientes.

- Minimizar las lecciones magistrales u otras modalidades de exposición verbal (fase educativa o de información) y maximizar la implicación de los padres en la realización de actividades (fases de entrenamiento y aplicación de habilidades). Los terapeutas deben aclarar al grupo que ellos no tienen las soluciones, sino que enseñarán a) habilidades que los miembros del grupo pueden aprender a aplicar y b) estrategias que permiten guiar a la persona en la observación y el descubrimiento de la solución más útil para cada caso concreto.

- Proporcionar información procedente de distintos medios como manuales, grabaciones de video, etc.

- Acordar con el grupo la confidencialidad de cualquier información personal divulgada dentro del mismo.

A. Componentes del programa (Marinho, 2000)

- *Identificar y saber describir el comportamiento infantil adecuado.* Este aspecto pretende que los padres no solamente se centren en los comportamientos inadecuados de sus hijos, mejorar la evaluación parental del comportamiento infantil y es un prerrequisito para que el comportamiento adecuado sea reforzado por los padres.

- *Reforzar el comportamiento infantil adecuado.* Las razones para ello son: aumentar la frecuencia del mismo, posibilitar al niño discriminar entre comportamientos que los padres aprueban y los que desaprueban, aumentar la autoestima infantil y tornar la interacción padres-hijo más positiva.

- *Analizar funcionalmente el comportamiento infantil y parental.* Razones: considerar las variables contextuales (y no solamente las relacionadas con el niño propiamente) en la comprensión del comportamiento infantil y los padres tomarán conciencia y comprenderán su propio comportamiento.

- *Diferenciar comportamientos infantiles inadecuados por déficit y por exceso.* Razones: saber que los comportamientos infantiles pueden ser considerados problema por diferentes motivos y que requieren una intervención distinta.

- *Actuar ante los comportamientos inadecuados por déficit: enseñar, reforzar, hacer junto con el niño.* Razones: actuar para que ocurra el comportamiento infantil adecuado ausente del repertorio del niño y aumentar la frecuencia de comportamientos adecuados que el niño presenta ocasionalmente.

- *Ignorar el comportamiento inapropiado por exceso que esté mantenido por la atención parental (excepto aquellos que sean peligrosos o destructivos):a) no mirar al niño, no reírse, no fruncir la frente, etc.; b) quedarse en silencio; c) ignorar todas las veces; d) saber que el comportamiento podrá ser más frecuente al principio.* Razones: Disminuir la frecuencia del comportamiento inadecuado mantenido por la atención parental y ayudar al niño a discriminar la diferencia de la reacción parental al comportamiento apropiado y al inadecuado.

- *Proporcionar consecuencias aversivas adecuadas al comportamiento infantil inapropiado que no esté siendo mantenido por la atención parental.* Razones: la atención diferencial muchas veces no es suficiente para disminuir la frecuencia de determinados comportamientos infantiles inapropiados e ignorar el comportamiento infantil inadecuado puede ser reforzador en determinadas situaciones, dado el coste de la respuesta exigida al niño.

- *No criticar al niño.* Razones: No conduce a una disminución de la frecuencia del comportamiento infantil inadecuado, frecuentemente aumenta la frecuencia del comportamiento criticado y puede afectar a la autoestima del niño y crear una relación padres-hijo desagradable.

- *Aplicar procedimientos de solución de problemas.* Razones: desarrollar habilidades parentales de solución de problemas y ayudar a los padres a aplicar en otras situaciones problema lo que aprendieron en el programa (generalización).

Cuando se enseña a los padres a evaluar positivamente incluso los comportamientos adecuados más simples emitidos por el niño, deja de ver estas actitudes como si fuesen "naturales" u "obligaciones" pasando a considerarlas como méritos de su hijo, comportamientos adecuados que aprendió.

Esos cambios en la percepción de uno mismo y de los aspectos del propio ambiente constituyen objetivos importantes de la intervención psicológica, ya que, como comportamiento verbal, alteran la relación del individuo con las contingencias presentes en su vida.

Los padres no son considerados solamente como mediadores en la mejora del comportamiento infantil, sino que ellos mismos son objetivo de cambio terapéutico. Se pretende ampliar el ámbito del comportamiento-problema y desarrollar habilidades parentales involucradas en enseñar y promocionar comportamientos adaptativos en sus hijos.

Marinho en 1999 desarrolló el Programa de Intervención Conductual en Grupo para Padres (PICGP) para aplicarlo en el tratamiento de los problemas de comportamiento. Este programa puede ser desarrollado a lo largo de 12 semanas. A continuación se describirá los aspectos más importantes por sesiones.

Sesión 1

Objetivos de la sesión

- Integrarse con los otros miembros del grupo.
- Conocer el formato general del programa de intervención.
- Decidir en conjunto los términos para el funcionamiento del grupo.

Procedimientos

- Dinámica de presentación de los participantes.
- Explicación del programa de tratamiento.
- Contrato grupal de la dinámica del grupo

Tareas para casa

- Registrar durante cinco días comportamientos adecuados emitidos por el niño a partir de observaciones diarias de al menos 20 minutos

Sesión 2

Objetivos de la sesión

- Tomar conciencia de los comportamientos adecuados emitidos por el hijo.
- Conocer la importancia del refuerzo.
- Presentar refuerzo natural contingente al comportamiento adecuado

Procedimientos

- Discusión de las tareas par casa.

- Los miembros de los subgrupos presentan una lista de los comportamientos adecuados observados.
- Explicación de lo que es y de la importancia del refuerzo.
- Discusión de formas de reforzar un comportamiento.
- Orientación sobre estímulos que no deben ocurrir al mismo tiempo que el refuerzo positivo del comportamiento adecuado: criticar, dar órdenes, proponer desafíos al niño, etc.

Tareas para casa

- Listar cuatro comportamientos adecuados emitidos por el niño y presentar un refuerzo natural contingente a los mismos.
- Realizar la actividad propuesta con registro durante cinco días

Sesión 3

Objetivos de la sesión

- Identificar y discutir las dificultades encontradas a la hora de reforzar los comportamientos adecuados.

Procedimientos

- Revisión tareas.
- Realización del ensayo de papeles de la situación de reforzar el comportamiento adecuado

Tareas para casa

- Registrar y reforzar comportamientos adecuados emitidos por el niño durante la semana

Sesión 4

Objetivos de la sesión

- Comprender que el comportamiento humano es aprendido y mantenido en función de la relación individuo-ambiente.

- Conocer y saber aplicar el procedimiento de atención diferencial

Procedimientos

- Los padres responderán individualmente, por escrito, a la siguiente cuestión: "¿Por qué el niño presenta comportamientos inadecuados?"
- Discusión de las respuestas individuales en subgrupos.
- Realización de una síntesis de las causas presentadas y exposición ante el grupo.
- Discusión del tema "Causas intrínsecas versus causas interaccionales"
- Discusión de la importancia de la atención (como refuerzo) en el mantenimiento tanto del comportamiento adecuado como del inadecuado.

Tareas para casa

- Observar y registrar comportamientos inadecuados emitidos por el niño durante la semana, indicando aquellos que podrían ser ignorados por los padres

Sesión 5

Objetivos de la sesión

- Identificar los comportamientos infantiles inadecuados susceptibles de ser ignorados (extinción)
- Saber ignorar comportamientos inadecuados mantenidos por la atención

Procedimientos

- Discusión de la tarea para casa en subgrupos, distinguiendo los comportamientos que podrían ser ignorados de aquellos que no deberían serlo, indicando las razones de tal opinión.

- Análisis de qué comportamientos inadecuados podrían ser abordados a través de la retirada contingente de atención por parte de los padres.

- Realización del ensayo de papeles sobre cómo ignorar el comportamiento: no reírse, no mirar, no regañar, poner una expresión de indiferencia, etc.

Tareas para casa

- Registrar comportamientos inadecuados emitidos por el niño que pueden ser ignorados, ignorarlos y registrar la reacción del niño

Sesión 6

Objetivos de la sesión

- Aumentar la empatía de los padres en relación a los hijos.
- Comparar sus métodos de educar con los adoptados por sus padres.
- Identificar las dificultades en ignorar el comportamiento infantil inadecuado.
- Diferenciar entre comportamiento inadecuado por exceso e inadecuado por defecto.

Procedimientos

- Los padres individualmente representan su infancia utilizando material lúdico y se presentan al grupo describiéndose (comportamientos, sentimientos) como cuando eran niños.

- Comparación de los comportamientos que presentaban cuando eran niños con los comportamientos presentados por los propios hijos.

- Análisis de la influencia que la educación recibida tuvo en la educación que estaban procurando dar a los hijos.
- Los padres expresan en una palabra cómo se sienten cuando tienen que ignorar el comportamiento inadecuado emitido por el niño.
- Presentar la palabra al grupo y comentar al respecto.
- Discusión de las dificultades individuales sentidas por los miembros en las tentativas de ignorar cuándo es más difícil y cuándo es más fácil ignorar y por qué.
- Diferenciación entre comportamientos inadecuados por exceso e inadecuados por defecto

Tareas para casa

- Registrar un comportamiento inadecuado presentado por el niño describiendo la situación en que ocurrió.
- Continuar reforzando los comportamientos adecuados e ignorar los inadecuados.

Sesión 7

Objetivos de la sesión

- Analizar funcionalmente los comportamientos infantiles inadecuados

Procedimientos

- Analizar funcionalmente el comportamiento infantil inadecuado por cada miembro/pareja

Tareas para casa

- Continuar observando y registrar las variables relacionadas con la ocurrencia del comportamiento que se ha de analizar

Sesión 8

Objetivos de la sesión

- Conocer y saber aplicar procedimientos para el cambio del comportamiento en niños y preadolescentes

Procedimientos

- Discutir sobre procedimientos comportamentales para cambiar la conducta en niños y preadolescentes.
- Discusión de la importancia de que los padres programen consecuencias para los comportamientos de los hijos.
- Ejemplificar cómo sustituir contratos de castigo (castigo si no hace lo que se acordó) por contratos de refuerzo (presentación de consecuencias positivas contingentes al comportamiento deseado)
- Exposición de cómo montar un contrato de contingencias con el niño.
- Los padres discuten planes de acción para actuar frente al comportamiento de cada uno de los niños del grupo.
- Los padres citan consecuencias que serían reforzadoras para sus hijos.
- Discusión del tipo de reforzadores que podrían ser utilizados en el contrato las contingencias

Tareas para casa

- Aplicar un procedimiento elegido para el cambio en un comportamiento infantil inadecuado.

Sesión 9

Objetivos de la sesión

- Analizar la adecuación del procedimiento adoptado, basado en los resultados obtenidos.

- Proponer cambios en el procedimiento, si es necesario.

Procedimientos

- Discusión de la aplicación del procedimiento elegido, las dificultades y los resultados obtenidos.
- Análisis funciona de la situación.
- Propuesta de cambios en el procedimiento, si es necesario

Tareas para casa

- Continuidad de la aplicación del procedimiento elegido

Sesión 10

Objetivos de la sesión

- Evaluar el alcance de los objetivos propuestos y remitir para otros tratamientos

Procedimientos

- Análisis de la aplicación de los procedimientos realizados por los miembros con sus hijos y de los resultados obtenidos.
- Relato de los comportamientos que todavía son problemáticos y discusión sobre cómo los padres pueden proceder ante los mismos.
- Terminación del grupo.

4. INTERVENCIÓN CONDUCTUAL FAMILIAR EN NIVELES MÚLTIPLES PARA LA PREVENCIÓN Y EL TRATAMIENTO DE LOS PROBLEMAS DE COMPORTAMIENTO INFANTILES

La intervención familiar se define como un proceso terapéutico que ayuda a modificar el malestar psicológico de los individuos poniendo como objetivo sus relaciones interpersonales dentro de la familia. Las intervenciones familiares habitualmente intentan cambiar los aspectos del funcionamiento familiar que están relacionados con la etiología, el mantenimiento, la recaída o la exacerbación del funcionamiento de un individuo. Esto puede incluir intentos para disminuir los problemas conductuales o emocionales de miembros individuales de la familia, de las relaciones entre los miembros de la familia o de las relaciones entre la familia y la comunidad. La definición incorpora las intervenciones de entrenamiento de padres, que intentan mejorar las relaciones padres-hijo, y las intervenciones maritales, cuyo objetivo es la pareja, junto con terapias familiares más tradicionales.

TRIPLE P- *Positive ParentingProgram* (Programa para una educación positiva por parte de los padres o Programa Parental Positivo).

Es un sistema a múltiples niveles de intervención familiar, que proporciona cinco niveles de intervención de potencia progresiva que intenta prevenir problemas conductuales, emocionales y de desarrollo graves en los niños aumentando el conocimiento, las habilidades y la confianza de los padres. Incorpora cinco niveles de intervención en una continua graduación de potencia progresiva para padres de niños preadolescentes, desde el nacimiento hasta los 12 años.

La Tripe P es una forma de intervención familiar conductual basada en los principios del aprendizaje social. Intenta mejorar los factores de protección familiar y disminuir los factores de riesgo asociados con problemas emocionales y conductuales graves en niños preadolescentes. De forma específica, el programa intenta:

1. Aumentar el conocimiento, las habilidades, la confianza, la autosuficiencia y los recursos de los padres de niños preadolescentes.

2. Fomentar ambientes educativos, sanos, comprometidos, no violentos y de baja conflictividad.

3. Fomentar las competencias sociales, emocionales, de lenguaje, intelectuales y conductuales, de lenguaje, intelectuales y conductuales de los niños por medio de prácticas de educación parental positiva.

A. Principios de la educación parental positiva

1. *Asegurando un ambiente seguro y comprometido:* Los niños necesitan un ambiente seguro, supervisado y protector que les ofrezca oportunidades para explorar, experimentar y jugar. Los niños mayores y adolescentes también necesitan una supervisión y vigilancia adecuadas en un contexto apropiado de desarrollo.

2. *La creación de un ambiente positivo de aprendizaje:* El programa enseña cómo los padres pueden responder de forma positiva y constructiva a las interacciones iniciadas por el niño a través de la enseñanza incidental con el fin de ayudar a los niños a aprender a solucionar los problemas por ellos mismos. La enseñanza incidental implica que los padres sean receptivos ante las interacciones iniciadas por el hijo cuando los niños intentan comunicarse con sus padres.

3. *La utilización de la disciplina asertiva:* Se enseñan estrategias específicas de manejo del niño que son alternativas a las prácticas disciplinarias ineficaces y coercitivas (como gritar,

amenazar o utilizar el castigo físico). Se muestra a los padres una serie de procedimientos de cambio de conducta: selección de reglas básicas para situaciones específicas; discusión de las reglas con los niños; hacer peticiones y dar instrucciones claras, de forma tranquila y que sean apropiadas a la edad; consecuencias lógicas; tiempo de tranquilidad (sin contar el tiempo fuera); tiempo fuera; planificación del "no hacer caso". Estas habilidades han de ponerlas en práctica tanto en casa como en lugares públicos para producir la generalización de estas habilidades.

4. *Tener expectativas realistas:* Implica explorar con los padres sus expectativas, suposiciones y creencias sobre las causas del comportamiento infantil y elegir objetivos que sean evolutivamente apropiados para el niño y realista para los padres.

5. *Cuidándose uno mismo como padre/madre:* Se anima a los padres a que consideren la educación parental como parte de un contexto más amplio de autocuidado, repertorio de recursos y bienestar personal y enseñándoles habilidades de educación parental que ambos padres sean capaces de llevar a cabo.

B. Niveles de intervención

Nivel 1

Es una estrategia de información general dirigida a padres, proporciona un acceso a información útil sobre el papel de los padres a través de una campaña promocional y coordinada que utiliza medios impresos y electrónicos con sugerencias sencillas que muestran estrategias parentales específicas. Intenta aumentar el conocimiento comunitario de los recursos de que disponen los padres, la receptividad de los padres para participar en los programas, descubriendo soluciones a preocupaciones conductuales y de desarrollo más comunes.

Nivel 2

Es una intervención breve, de una o dos sesiones, de atención primaria, que proporciona directrices iniciales anticipatorios sobre desarrollo a los padres de niños con problemas de comportamiento leves.

Nivel 3

Tiene como objetivo a niños con problemas de comportamiento de leves a moderados e incluye entrenamiento en habilidades activas para los padres.

Nivel 4

Es un programa intensivo que se puede realizar de forma individual o en grupo de entrenamiento de padres, para niños con problemas conductuales más graves. Se centra en la interacción padres-hijo y en la aplicación de habilidades de educación parental a un amplio rango de conductas objetivo.

Nivel 5

Se trata de un programa intensivo con módulos que incluyen visitas a la casa para mejorar las habilidades de educación parental, estrategias de manejo del estado de ánimo y habilidades de afrontamiento del estrés, y habilidades de apoyo al otro miembro de la pareja.

Se ha pretendido mostrar la importancia de las relaciones familiares y cómo las familias pueden implicarse de forma significativa tanto en la prevención como en el tratamiento de los problemas en la infancia.

123

significativa tanto en la prevención como en el tratamiento de los problemas en la infancia.

REFERENCIAS BIBLIOGRÁFICAS

- American Psychiatric Association (1995). DSM-*IV-TR*. *Manual diagnóstico y estadístico de los trastornos mentales* (4ª ed. rev.). Barcelona: Masson.

- Barkley, R.A. (1982). Specific guidelines for defining hyperactivity in children (Attention Deficit Disorder with Hyperactivity). En B. Lahey y A. Kazdin (dirs.), *Advances in clinical child psychology* (vol. 5, 137-180). Nueva York: Plenum.

- Barkley, R. A (1996) *Attention defict-hyperactivity disorden*. EnE.J. Mash y R.A. Barkley (Eds.), Children Psychopathology. NY: The Guilford Press.

- Caballo, V. E. y Simón, M. A. (Dirs). *Manual de Psicología Clínica Infantil y del Adolescente: Trastornos específicos*. Madrid: Psicología Pirámide.

- Cervantes, E., y Vasquez, L. (1990) *Intervención en un caso de conductas disruptivas múltiples* (negativismo y desobediencia). En F. X. Méndez y D. M. Antón (Eds.) *Modificación de conducta con niños y adolescentes*. Libro de casos. Madrid: Pirámide.

- Kazdin, A. E. y Buela-Casal. G. *Conducta antisocial*. Madrid: Pirámide.

- Kelly, J.A. (1987). *Entrenamiento de las habilidades sociales*. Bilbao: Desclée de Brouwer.

- Miranda, A., Pastor, J.C., Roselló, M.B., Mulas, F. (1996). Eficacia de las intervenciones farmacológicas en el tratamiento de la hiperactividad. *Psicothema,* 1, 89-105.

- Moreno, I. (1995). *Hiperactividad. Prevención, evaluación y tratamiento en la infancia*. Madrid: Pirámide.

- Ollendick, TH. y Hersen, M. (1993) *Psicopatología infantil*. Barcelona: Martínez Roca.

- Rodríguez, J. (2000) *Psicopatología infantil básica* (Eds.) Madrid: Pirámide.
- Serrano, I. (1994). Tratamiento conductual de un niño hiperactivo. En F.X. Méndez y D. Macià (dirs.), *Modificación de conducta con niños y adolescentes. Libro de casos* (349-373). Madrid: Pirámide.
- Serrano, I (1997). *Agresividad infantil*. Madrid: Pirámide.
- Sholevar, G.P. (1995): *Conduct disorders in children and adolescents*. WashintonD.C: America Psychiatric Press.
- Taylor, E.A. (1991a). Causas y desarrollo de la conducta hiperactiva. En E.A. Taylor (dir.), *El niño hiperactivo* (107-140). Barcelona: Martínez Roca.
- Taylor, E.A. (1991b). Déficit de atención. En E.A. Taylor (dir.), *El niño hiperactivo* (71-97). Barcelona: Martínez Roca.
- Taylor, E.A. (1991c). Sobreactividad, hiperactividad e hipercinesia: problemas y prevalencia. En E.A. Taylor (dir.), *El niño hiperactivo* (11-25). Barcelona: Martínez Roca.